取材班がこっそりつかんだ！

お金持ち100人の秘密の習慣

㊙情報取材班［編］

青春出版社

はじめに――お金持ちになれない人の神頼み、なれる人の……

ある資産家と話をしていたときのことだ。何の拍子か話題は宝くじのことに及んだ。ふと「宝くじにでも当たって、お金持ちになりたいなあ」と洩らしたところ、その資産家はぴしゃりと「お金持ちになる人は、宝くじなんか買わないよ」と言った。

お金持ちになる人は、宝くじを買わない――そのときはよくわからなかったが、このひと言にはお金持ちになる人となれない人の違いが如実に表れていたように思う。

宝くじに当選する確率は何百万分の一で、しかも当選するために購入者ができる行動は何もない。しいてあげるなら、当選がよく出る売り場で買ったり、買った宝くじを黄色い封筒に入れて神棚に飾るくらいのものである。しかし、それはしょせん神頼みだ。

お金持ちになる人は、成功するための目標を掲げ、そこに到達するには何をすればいいのかを考え、行動する。宝くじには、当選に近づくためにする行動がない。つまり、状況に自分が影響を与えられないということだ。

このように、お金持ちになる人となれない人の考え方や行動には大きな違いがある。もう一つ別の例をあげるなら、「持ち家と借家の選択」である。

一般のサラリーマンの夢と言えば、家持ちになることだ。一国一城の主になってこそ一人前、しかも大きな資産を持つことにもなる。だが、ベストセラーとなった『金持ち父さん貧乏父さん』（筑摩書房）を読んだ人は愕然《がくぜん》としたに違いない。著者のロバート・キヨサキ氏は、「持ち家は資産でも投資でもなく、負債である」と言い切っているからだ。

なぜ負債であるかというと、そこで暮らしている限り、持ち家は何の利益も生み出さないばかりか、毎年ローンやら、修繕費やら固定資産税などの費用がかかるからである。売ってキャピタルゲイン（売却益）が得られたのはバブル崩壊前まで。いまは大多数の物件の売値は買値を下回るだろう。そんなものにローンを払うくらいなら、賃貸物件に住み、頭金に回すまとまった金額のお金を投資に回すほうがマシだとお金持ちは考えている。

だが、お金持ちのほうこそ豪邸を建てているではないか。その疑問に対して、あるお金持ちはこう答えた。

「お金持ちは儲けたお金で家を建てる。お金持ちになれない人は儲かっていないのに家を建てる。だから、ローンを返すためにあくせく働かなければいけなくなって、頭を使って稼ぐ余裕がなくなってしまう」

厳しい時代である。「格差社会」が流行語になったように、持てる者と持てない者の格差が顕著になりつつある。年金はあてにならないようだし、老後の生活も心配だ。

できることなら、いまよりもっと豊かに暮らしたい。自由に生きていきたい。誰でもそう考えることだろう。それには先立つもの、つまりお金が必要である。では、どうしたらもっと稼げるようになるのか。お金を殖やすことができるのか。

その答えを知るには、お金持ちに聞いてみるのがいちばんだ。そこで一〇〇人のお金持ちや成功者に、「お金持ちになる秘訣は何ですか？」とこっそりと聞いてみた。その結果、お金持ちや成功者の多くは、驚くほど同じような考え方、行動パターン、習慣を持っていることがわかってきた。じつは、それこそが、お金持ちになる人と、なれない人の差なのである。

本書は、お金持ちや成功者に共通する思考や行動の習慣をピックアップし、お金持ちや成功者のアドバイスとともに解説した。一読すれば、お金持ちや成功者が物事をどう捉え、どんなことに気を配り、どう行動しているかがよくわかるはずだ。

もし本当にお金持ちになりたいと願うなら、お金持ちの思考や行動を学び、マネしてみてはどうだろう。マネを続けることによって思考や行動は習慣化する。思考や行動が習慣化されれば、体は自然と成功への道を歩きはじめることだろう。

二〇〇八年一一月

㊙情報取材班

取材班がこっそりつかんだ！「お金持ち」１００人の秘密の習慣●目次

PART1

お金持ちほどじつはせっかち!?
サクサク稼ぐ人たちの「時間活用術」をこっそり盗め！　33

PART2

チャンスの女神の〝前髪〟は意外に長い？

成功者たちはこうして「転機」をつかんでいた！ 65

PART3
マイナスが瞬く間にプラスに変わる！
金運を引き寄せる人ならではの「発想法」 93

PART4

PART5

小さな努力で大きなお金につなげる！

お金儲けの達人たちが密かにしていた「勉強法」 155

PROLOGUE

「普通の人」から「お金持ち」になった人、6つの共通点

お金持ちになれるかどうかは、財布を見ればわかる

お金持ちになれる人と、なれない人の違いはどこにあるのだろう。幾多のお金持ちの話を聞いて、またいわゆる「成功本」と呼ばれる成功者のノウハウ本を読んでみると、その違いがおぼろげながら見えてくる。もっとも大きな違いは何かと言えば、ズバリ「お金が好き」かどうかである。

「お金が嫌いな人なんているのか」そんな声が聞こえてきそうだ。たしかに、お金が好きか嫌いかと問われれば、ほとんどの人が「お金は大好き」と答えるだろう。では、「お金儲けをする」ことはどうだろうか。

「お金儲けだって好きに決まっている」

ホントにそうですか？　ホリエモンが捕まったとき、「ほら、やっぱり見たことか。えげつない金儲けばっかりしているから、こうなるんだ」とちょっぴり溜飲《りゅういん》を下げなかっただろうか。羽振りのいい友人のことを、「金儲けがそんなに楽しいのかよ」と毒づいたことはないだろうか。

誤解がないように言っておくが、ホリエモンを正当化しようというわけではない。裁判

で明らかにされていることが事実ならば、ホリエモンは罪を償わなくてはならない。それは当然のことだが、裁かれるべきはホリエモンの金儲けの手段であって、金儲けをしたことではない。

あるお金持ちは、ホリエモンについて次のように言った。

「ホリエモンが悪いのは、下手なビジネス、下手な金儲けをしたことに尽きる。おそらく彼は急ぎすぎたんだろうね。だから非合法なことに手を染めてしまった。そういう意味では、金を稼ぐということを理解していない」

この言葉からわかるように、お金持ちは「金を儲ける」ことを否定しない。ホリエモンが捕まったのは、「金儲け」したからではなく、きちんとした「金儲け」をしなかったホ

リエモンが悪いというスタンスである。さらに、このお金持ちはこうも言った。

「お金持ちになれない人は、金儲けをどこか卑しいこと、不浄なことだと思っているんだよね。それじゃあ、お金は寄ってこないよ」

あなたは、どうだろうか。お金を不浄なもの、お金儲けを卑しいものだと思っていないだろうか。日本人はどういうわけか、お金に対してあまりいいイメージを持っていない人が多いようだ。株式投資やFX（外国為替証拠金取引）に手を出すのは、何となく意地汚いことをしているように思ってしまったり、資産運用についてあれこれ考えるようになると自分が不純になってしまったように感じてしまう。たしかに、お金儲けを不浄なことだと考えていては、お金がたくさん集まってくることはないだろう。

だから、多くのお金持ちは、「お金持ちになるには、まずお金を好きになること。お金儲けを卑しいと思わないこと」が重要だと語っているのだ。

「要するに、お金を大切に思わない人がお金持ちになることは難しいということだよ。お金を大事に思うから、たくさん得ようと努力するし、お金儲けに精を出す。その結果として成功があり、資産を増やすことができるんだ」とは前出のお金持ち氏。

では、お金を大切に思うとはどういうことなのだろう？

「お金を大切にする人は、お金が大好きだ。そういう人は、たいていいい財布を持っているね。大事なお金を入れておくものだから、安物じゃなくて高級で使い勝手のいいものを愛用しているんだよ。それから、お金は表裏をきちんと揃えて財布に入れている。要するに、お金を丁寧に扱うということさ」

なるほど。お金を大切に扱い、好きになること。お金持ちになる第一歩はそこからはじまるというわけですか。そういうことなら、まずは財布にぞんざいに突っ込んでいた福沢諭吉さんと野口英世さんの向きを揃えておきますか。

成功本を読むだけでは成功できない理由

成功するためのノウハウを説いた、いわゆる「成功本」は数多い。ベストセラーもたくさん出ている。ということは、かなり多くの人が成功本を読み、成功法則と呼ばれるものを知識として身につけていることになる。しかし、言うまでもないことだが、成功本を読んだ人がすべて成功できるわけではない。いや、大多数の人が成功できないと言ったほうが正しいかもしれない。

では、なぜ成功本を読んでも成功することが難しいのだろうか？

その理由について、「地図を見るのと、実際に歩くのとの違いだ」と述べた成功者がいる。

いくら地図をなぞって道を覚えたとしても、それは毎日実際に道路を走っているタクシードライバーには遠く及ばない。要するに、「知っていること」と「実際にやってみること」には大きな隔たりがあるということだ。

学ぶことはとても大切なことだが、それよりも大事なのは学んだことを現実に活かすということ。成功を強く望みながらも成功をつかめない人の多くは、知識を得ることには貪欲だが、なかなか行動に移さない、と成功者の多くが口を揃えて言う。

「評論家は負けて泥にまみれることはないが、勝つ喜びを味わうこともできない。成功したいなら、評論家ではなくプレイヤーにならなくてはいけません」

行動を起こさない理由を見つけることは簡単だ。「資金がない」「ノウハウがまだ身についていない」「今はまだ動くべきときではない」「もう少し勉強して知識を身につけてから」「計画を練り上げている段階なんだ」「協力者がなかなか現れなくて」……こんな理由を見つけ出し、行動することを先延ばしにしているのだ。

成功を成し遂げた人たちはみな次のように言う。

「実はやった者勝ちなんですよ。その気になって必死になれば資金なんて集められるものですし、ノウハウなんてものは自分でやってみなければ身につくものじゃない。動く時期かどうかなんて誰にもわからないし、本当に真剣に取り組んでいれば協力者も自然と現れるものです。要するに、やるかやらないか。成功してお金持ちになる人と、なれない人の違いは、そこに集約されるんです」

お金持ちになることに限らず、どんな分野であれ行動することからすべてがはじまる。行動しなければ、何も起こらないのである。

わかっちゃいるけど、恐くてなかなか第一歩が踏み出せない人。本書を読み終わったら、とりあえず片っ端から試してみては？

「脱・常識」こそ人生を切り開くカギ

成功してお金持ちになるには、世間一般で言われている「常識」に背を向けなくてはいけないと言う。常識を取り外せ、人と違った道を歩め、人の後に道なし、みんなが右に行くなら自分は左へ進め……表現こそ違え、「脱・常識」を説いている成功者が少なからずいるのである。

たとえば、「お金で幸せを買うことはできない」という大命題。多くの人が、その通りだと思っていることだろう。しかし、著名な経営コンサルタントA氏は、「もっとも過ぎて反論できないが、これから成功を目指す人にとっては障害となる常識」だと述べる。

「お金で幸せは買えない」という常識がきれい事のお題目で、何の役にも立たないと言っているわけではない。後で述べるが、これは真理をついた常識である。ただし、これはすでに功なり名を遂げた成功者のための常識なのである。

成功を収めるとどんな人も気が緩んでくる。自分のやることがすべて正しいような錯覚に陥り、知らず知らずのうちに傲慢になったり、他人を顧《かえり》みることを忘れてしまう。その結果、家族を失ったり、信頼していた人間に裏切られたり、心を許せる者がまわりにいなくなって孤独感にさいなまれたり、最悪の場合はそれまで築き上げてきた成功が一瞬にして吹き飛んでしまうような大きなミスを犯す。そんな例を私たちも数多く見てきているはずだ。だからこそ、成功と幸せは別物であると述べ、成功者の身の処し方を戒めているのである。

しかし、これから成功を目指そうという人にとって、この常識が大きな足かせとなりかねない。先に述べたようにお金やお金儲けに対する疑念を持つことは、自分がやろうとしていることにブレーキをかけることになる。お金で幸せを買うことができないと考えている人間が、お金儲けに没頭することができるだろうか。

ビジネスをはじめるには少なからぬ資金が必要だし、老後を豊かに暮らすためにもお金が必要だ。いい家にも住みたいし、好きなクルマも買いたい。そのためにお金持ちになりたいと思っているのに、「お金で幸せは買えない」とか「お金だけがすべてじゃない」と言われても、素直にうなずくことはできない。それは、成功するために努力するのはバカらしいことじゃないのと言われているに等しいからだ。

多くの成功者が「常識を取り去れ」と言うのはそのためである。常識は往々にして、行動を抑制しようとする。成功するために行動を加速しなければならない者にとって、それは致命的なハードルになる可能性がある。そのため、スタートダッシュをかけるときは、〝世の常識〟などというものを取り外して、やるべきことに全勢力を傾けることが必要なのだ。

さらに、多くの成功者は、人が考えつかないアイデアで、あるいは前例のない分野で勝負をかけることにより、先行者のアドバンテージを持って成功を実現してきた。彼らにとっては、「前例がない」や「誰もが無理だと言っていること」はブレーキになるどころか、むしろアクセルを踏む理由となる。

誰もやっていないからこそ、簡単にナンバーワンシェアが取れると考え、リスクを承知で勝負をかける。これも世の常識にあえて逆行することで、活路を切り開いたと言えるだろう。

株式投資でもビジネスでも何でもそうだが、人と同じことをやっていては利益をあげることはできない。人と違うことをやってこそ、利をとる道が見えてくる。「人の役に立つことをしていれば、お金は後からついてくる」なんて常識的なことを考えているようでは、いつまでたってもお金持ちにはなれないのだ。

努力すると、かえって成功から遠ざかる!?

「常識を信じてはいけない」と述べたついでに、もう一つ常識外れなことを持ち出してみよう。

私たちは、子どもの頃から耳にタコができるくらい「努力は必ず報われる」「努力は裏切らない」と教えられてきた。努力＝成功への道、望む結果が得られないのは努力が足りないからだ。そう信じてきた。

ところが、である。成功者の中には、努力をそれほど買っていない人が少なくないのだ。「努力すると、かえって成功から遠ざかる」とさえ言い切る者もいる。

えっ！　いままで教え込まれてきたことはいったい何だったのか。〝努力こそ成功への近道なり〟を信条にやってきた自分は、文字通り「ムダな努力」を重ねてきたのか。

もちろん、成功してお金持ちになった人が、まったく努力をせず、好き勝手にやっていたら運だけで成功したというわけではない。みなさん、きちんと努力していらっしゃる。

というか、凡人の目から見ると、とうていマネできないくらい、人並み以上の努力をしているように見える。

それでもあえて「努力はムダ」と言い切るのは、一般に考えられている努力はもはや意味をなさないということである。

どういうことかと言うと、たとえば毎朝人より早く出社し、毎晩残業をこなす人と、定時に出社し、残業しないでさっさと帰ってしまう人では、どちらが努力していると思うだろうか。一般的な感覚では、早く出社し残業もバリバリこなす人のほうが努力していると思われるだろう。会社内でも、残業をいとわない人間のほうがよく仕事をしていると評価されることが多い。

間違った方向性の努力は無駄
最短ルートで行こう

しかし、成功者はそういう見方をしないのである。

「高度経済成長時代ならともかく、いまや残業する・しない、労働時間が長い・短いでよく仕事をしていると評価することはナンセンスです。時間の長さを努力の尺度とすることが間違っているんです」

とは、ある成功者の弁。

多くの成功者は、結果から考える。成果があがってはじめて、その行動は正解であったと評価を下すことができる。成果があがらなければ、たとえ毎晩遅くまで残業したとしても、それはムダな行動ということになる。

ムダな行動なら、すぐに改善するスピードを持っているのも成功者の特徴だ。遅くまで残業しても成果があがらないというムダな時間の使い方を見直し、結果を出すために行動を素早く変化させる。この変化のスピードを重視しているのである。

さらに言えば、同じ一〇の成果を出すなら、それにかかる行動時間は一〇よりも五のほうがレベルが上だと考える。労働効率が高いからである。つまり、同じ程度の成果なら、毎晩遅くまで残業するよりも、早く帰って家で本でも読んで知識を増やしたほうが、よほど後の成果に結びつく。時間ばかりかかる人は、むしろ仕事に対するスタンスに誤りがあると考えるのである。

成功した人にとっての努力とは、「成果をあげるための行動とは何かを考え抜き、変化することをいとわずに試行錯誤する。さらに、より短時間で成果をあげられるように工夫を怠らない」ことなのだ。

あなたは、「オレはこんな残業して努力しているんだ」と時間を尺度にしていないだろうか。そういう人は、自分の行動を見直してみたほうがいいかもしれない。長時間働いてたくさんモノをつくればつくるほど売れた高度経済成長時代を経験してきたオールドタイプの上司の受けはいいかもしれないが、それこそムダな努力をしているだけかも？

成功者が口を揃える「お金よりも価値のあること」って？

では、もっとも基本的な部分に踏み込んでいこう。

あなたは、なぜ成功してお金持ちになりたいのか。お金持ちになってどうしたいのか。お金持ちになるということは、どういうことだと捉えているのか。

お金持ちになって、大きな家に住み、ブランド物の服を着て、高級外車を乗り回したいと考えている人もいるかもしれない。さらに加えて、若くてきれいなおねえちゃんをはべらせ、六本木のクラブで一本何十万円もするような酒をためらいなく開け、多くの人から尊敬の眼差しで見られることを夢見ている人もいることだろう。

また、お金に不自由な老後を送りたくなくて、いまからお金持ちになる方法を見つけ出したいという人もいるかもしれない。単純に、お金があったほうが、ないよりも幸せに生きていけると考えている人もいるだろう。

おそらく、多くのお金持ちも出発点は、自分の欲望を満たすことだったに違いない。つまりいい物を食って、いい物を着て、いい家に住んで、いいクルマを転がして暮らせば、楽しい人生が送れると考えていたわけだ。まことにもってストレート。成金の願望とはかくあるべきものである。

しかし、すでに功なり名を遂げ、人がうらやむ資産を築いた成功者が語るところによると、そんな享楽的な欲望を実現することは、お金持ちになることの本質的な意味ではないことに気がつくらしい。お金持ちになるということは、派手な生活をするよりももっと重要なことがあるというのだ。

多くの成功者が共通して口にしているのは、「自由」という言葉である。お金持ちになるということは、「自由を手にする」ことなのだ。

かの福沢諭吉は、「金銭は独立の基本なり、これを卑しむべからず」と言った。独立にはさまざまな意味があるだろうが、会社から独立するにしても、親元を離れて独立するにしても、夫と別れて独立するにしても、お金がなければやっていけない。もっと下世話な例を持ち出せば、お金を持っていればイヤな上司に毎日小言を言われる必要はないし、好きでもない仕事にあくせくしなくてもいい。先立つものがあれば、「こんな会社辞めてやる」という選択もできるのだ。

このように、自由とは他者から干渉されない独立した地歩の確立を可能にするものである。と同時に、もう一つの自由も獲得できる。それは、金銭的事情によって行動を規制しなければならない立場から脱するということである。

お金がなければ、やりたいことを我慢しなければならないときも多いだろう。これは大きなビジネスチャンスだと直感しても、資金がなければビジネスをはじめることはできないし、世界各地を旅して見聞を広めたいと思っても、お金がなければ近場の国内旅行にランクダウンせざるをえない。お金はチャンスを広げ、経験値を高める機会を与えてくれるのである。

お金を手にした成功者たちは、そのことを実感した。お金を手にすることによって、人に使われてイヤな思いをすることがなくなった。自分の好きなことに躊躇《ちゅうちょ》なく踏み出すことができる。そして、さらなるステップアップのための経験を積み上げることもできる。

「それに、ね」とあるお金持ちは言う。

「お金があるとないとでは、精神的な余裕が違ってくる。考えてみたまえ。今月の食費をどうやりくりしようかと頭を抱えている奥さんはイライラして旦那に当たり散らす。旦那のほうは、家庭のために少しでも稼ごうと毎晩遅くまで残業して疲れ切っているから、これまたイライラして奥さんを怒鳴りつける。これじゃあストレスがたまるばかりで、人生を楽しむなんてほど遠い。

しかし、お金に余裕があれば、少なくともこんな不毛ないがみ合いは避けることができる。明日の生活の心配ではなく、来月の楽しい旅行のことを考えることができるんだ。私がお金持ちになっていちばんよかったと思うのはそこだね。気持ちに余裕ができて、妻にも子どもたちにも、また他の人にも優しく接することができるようになった。いらないトラブルがない分、私の生活もハッピーさ」

さて、もう一度聞こう。あなたは、何のためにお金持ちになりたいのだろうか？

お金持ちになることには〝落とし穴〟がある

お金持ちになれば、やりたいことができ、欲しいものが手に入り、自由まで手に入れて、バラ色の人生。これで幸せな一生が送れる……。

ちょっと待った！　事はそう単純ではない。なぜかというと、大多数の成功者やお金持ちが、「成功、お金持ち＝幸せ」ではないと述べているからだ。

「お金を持っていたって、寂しい人はいくらでもいるよ。誰も信用することができない。いつも疑ってばかりいるから、まわりに人が寄ってこなくて心を許せる友人など一人もいない。いくらお金を持っていたって、そんな人生は送りたくないな」（さるお金持ち）

有名コンサルタントは、もっとダイレクトに「成功にはダークサイドがある」と述べている。つまり、成功することと引き替えに病気になったり、人間関係で大きなトラブルを抱えたり、家族関係が破綻《はたん》したり、信頼していた人に裏切られたりするというのだ。

考えてみれば、実業界でも、芸能界でも、あるいは投資の世界でも、天国から地獄に堕《お》ちた例は数限りない。

一時は天才経営者と持ち上げられ、一世を風靡《ふうび》した実業家が、ひょんなことからつまずき、瞬く間に会社を潰してしまう。人気の高かったアイドルが、スキャンダルによってあっという間に過去の人になる。誰もが上がり続けると信じていた株式市場が、ある日突然大反転して奈落の底へ沈んでいったバブルの崩壊。成功しても、お金持ちになっても、それ以上のダメージを受けて叩き潰されてしまった人は決して少なくないのである。

成功は心の余裕をもたらすと同時に、驕《おご》りの心も芽生えさせる。自分がやってきたことは正しかったという思いから、何をやっても自分は間違えないという傲岸不遜《ごうがんふそん》な錯覚を起こさせてしまう。そこに落とし穴が待ち受けているのである。

だから、多くの成功者やお金持ちは、お金を儲けることばかりに汲々としないで、稼いだお金を有効に使えと述べている。つまり、世のため、人のために使え、何か社会貢献するようなことをしろと言うのである。

彼らが口を揃えてそう言うのは、自分のことだけを考えて階段を昇り詰めようとすると、まわりが見えなくなり、思わぬ落とし穴にはまりこむ危険性を肌で感じているからだろう。ガッツリ稼がせてもらったなら、その一部は他の人々のために還元しなさいと言っているわけだ。

お金というものは、ある意味で魔物である。自分が支配しているつもりでも、いつの間にかお金に支配されて操られることになる。そうならないためにも、お金持ちになった先達の声を真摯に聞くことが重要だろう。

さて、ここまで、お金持ちになるための基本的な心構えをお話ししてきた。

言うまでもないことだが、お金持ちになるのはそんなに簡単なことではない。いくつものハードルを乗り越え、自分のこれまでの考え方を修正し、欲に走りがちな心を手なずけなければならない。

その覚悟ができたなら、次のページをめくってほしい。お金持ちたちからこっそり教えてもらった、「お金持ちになる」ための秘密のノウハウを公開していこう。

PART1

お金持ちほどじつはせっかち!?

サクサク稼ぐ人たちの「時間活用術」をこっそり盗め!

ランチメニューで迷ってはいけない！

お金持ちと普通の人の違いは、外見からはなかなかわからない。だが、長らく投資顧問業を営んでいるN氏は、「少し話をすれば、お金持ちかどうかはすぐにわかりますよ」と言う。育ちの良さを感じるとか、言葉づかいの丁寧さを感じるわけではない。お金持ちは、何かと早いのだ。何をするにも即断即決だとN氏は述べる。

「お金を引き寄せる人というのは、みな決断が早い。『一日待ってくれ』とさえ言わない。『待ってくれ』と言っても、ほんの数十分ということのほうが圧倒的です。日本人だけかと思ったら、海外の人のほうが、もっとせっかちのようです。彼らは本当に時間を惜しみ、また狙った獲物は逃がしません」

N氏が言うように、お金持ちはせっかちで、決断が早いと感じている人は多い。しかし、なぜお金持ちはそんなに決断が早いのか。

お金持ちが即断即決をするのは、「時は金なり」をよく知っているからだ。どうしようかと、あれこれ選択に迷うのは、時間のムダである。彼らは、その迷いに何の生産性もな

いことを知っているのだ。

ある意味で、生きていくということは、選択の連続である。朝は何時に起きるかの選択にはじまり、朝の飲み物はコーヒーにするか番茶にするか。会社に行っても、仕事ではこまごまとした選択が待っている。お金持ちの人は、その選択が早い。食事を一緒にしても、メニューを本当に見ているのかと思うほど、さっさと注文を決めている。

普通の人が昼食メニューを決めるのに、三分かかったとしよう。たかが三分と思われるかもしれないが、一カ月では一時間以上のロスになる。こんな人は、食事以外でも、あれこれ迷う。とくに仕事では、逡巡《しゅんじゅん》しがちだ。選択に迷っている時間を合計していくなら、一日一時間以上費やしているということも考えられる。その時間を、もっとやりたいこと、

生産的なことに充てるなら、お金がもっと回ってくる。お金持ちは、そう考える傾向が強いのである。

「迷うというのは、熟慮しているということだ。時間をかけて考えたほうが、いい選択ができる」という反論もあるだろう。けれども、熟慮に熟慮を重ねたすえの決断が、月並みな選択にしかならないというケースのほうが圧倒的に多い。

生産性の低下している会社は、このパターンに陥りやすい。一つのプロジェクトに対して、何日も役員が討議する。最初の案以外に、第二案、第三案と次々と案が出てくるのだが決まらない。結局、堂々めぐりのすえ、何のことはない、最初の案に落ち着いてしまう。ただ、こうして日数をかけてしまったため、決定した最初の案もじつは陳腐化しはじめていて、実現したときに時代遅れになっている。

このように、熟慮が必ずしも名案を生むとは限らない。むしろ、時間をいたずらに潰すことにもなっている。

即断即決する人とそうでない人との間にいかに差がつくかについて、中国相手に貿易を営んでいる商人もこう嘆く。

「一九八〇年代初頭、中国が改革開放経済に向かいはじめたときから、中国相手に貿易をやっている。あの当時、中国に富豪なんていなかった。中国にやって来た日本のビジネスマンたちのほうがお金持ちで、いい身なりをしていたものだ。ところが、ものの二〇年で、中国には大富豪と呼ぶにふさわしい人たちが現れ、日本のビジネスマンらは彼らに振り回されてしまうようになってしまった。

「なぜ彼らが急速にお金持ちになれたのか」と尋ねると、「決断が早いからですよ」と一言。

「彼らは、その場でパッと決める。日本のビジネスマンの場合、まずは本社に連絡し、それが何日かかかってトップに伝わり、ここからようやく議論がはじまる。これでは、商機を逸してしまう。その間に、中国のお金持ちは、もっといいパートナーを見つけている」

豊かになった日本の大会社が苦しくなっていくのは、決断の遅さが原因であることも少なくない。逆に、いま豊かになりつつある人たちは、決断の早さを武器にのしあがっているのだ。

今日からできる！　成功を加速する小ワザ

お金持ちはすべてにおいて「早い」が、その典型が朝である。朝、早く起きる習慣を持っ

ているお金持ちがじつに多い。

クリエイティブな仕事をしているお金持ちの場合、夜に仕事をしているのではないかと思っている人もいるだろう。だが、現実はそうではない。何時に起きても誰に文句を言われるわけでもないのに、たいていは朝四時から六時くらいに起きている。

お金持ちがいかに早起きかをホテルの関係者に聞いたことがある。お金持ちが常宿としている一流ホテルほど、朝のサービスを充実させている。朝早くの朝食に応じたり、二四時間のルームサービス・メニューにも、朝食になりそうなものを入れている。要するに、お金持ちの泊まるホテルほど、早起きに対応できるようにしているのだ。

お金持ちが早起きするのは、時間の大切さを知っているからだ。早起きすれば、それだけ時間を有効に使える。

ビジネスで大成功を収めた経営者のAさんは、「金持ちは早起きが多いが、もっと言うなら、早起きの習慣が身についている人は、そうでない人に比べて成功する確率は高い」と断言する。

なぜ、そう断言できるのか。早起きの人とそうでない人の時間の使い方を比べてみよう。両者とも、午後の時間の使い方はそう変わらない。昼食に一時間取ったなら、あとは午後六時まで五時間仕事をする。

ところが、午前中はどうだろう。通勤時間に双方とも一時間かかるとすると、朝五時に起きる人は、朝食や身支度で一時間ほどを差し引いたとしても一二時までに五時間仕事に使うことができる。一方、朝七時半に起きている普通の人は、二時間半しか使えない。この差は、非常に大きい。

夜に残業して巻き返せばいいだろうと思うかもしれないが、夜の残業はえてしてダラダラとしたものになりがちだ。夜なら時間がたっぷりあると思ってしまい、つい気が緩んでしまう。早起きの人は午前中にたっぷりと仕事を進めた分、さっさと仕事を終わらせて早い時間に退社し、夜には他に有意義な時間を過ごす。ダラダラと残業をしている人と、ここで差がついてくるのだ。

さらに差がついてくるのが、夜一〇時以降の過ごし方だ。早起きの人は、朝が早いので、遊びや酒もほどほどにする。一方、普通の人はつい深酒をして夜更かしをすることが多い。その結果、翌日にまでアルコールが残り、仕事の能率を極端に低下させる。さらに付け加えるなら、遊びに費やす出費も馬鹿にならないはずだ。

もちろん人間だから誰でもハメを外すことはあるし、適度な遊びも必要である。しかし、身を立てる人はさまざまなことを経験する中で学び、自分の時間――思索したり、本を読んで知識を増やす時間――の重要性を認識するようになるので、毎日のように遊び歩くようなことはしなくなるという。

　会社勤めを辞め、フリーランスとなって成功したビジネス評論家のF氏は、次のように述べる。

「会社にいた頃は、深夜の三時までよく飲んでいた。翌日の午前中は使い物にならないのだが、それで給料が下がるわけではない。ところが、フリーの身で深夜の三時まで飲んだらどうなるか。午前中はフラフラで仕事ができない。これは、損失でしかない。だから、遅くまで飲まず、朝、早く起きるようになったね」

　ここまでは、時間の効率的利用のための早起きの勧めだが、早起きをセルフコントロールの一つとして捉えているお金持ちもいる。

　早起きするのはつらいときもある。とくに冬の寒い朝には、一〇分でも長く寝ていたい。その誘惑に流されてしまうと、他の場面でも気持ちを切り替えるのが遅くなってしまう。つまり、自分をコントロールできなくなってしまうというのだ。

　セルフコントロールができないと、決断が遅くなり、行動も鈍くなる。それを防ぐために、自分に気合いを入れる意味合いも込めて早起きを日課にしているお金持ちもいるのである。

　時間を効率的に使うためにも、セルフコントロールの一環としても、早起きの効果は大きいようだ。怠惰な自分にサヨナラして、お金持ちへの第一歩を踏み出したいなら、まずは目覚まし時計の起床時間を一時間早めてみるのはどうだろうか。

朝に差をつけると、人生にも差がつく

さて、お金持ちやお金持ちになる人は早起きが多いことはわかったが、彼らは早起きして一体何をしているのか？　もっとも多かった回答は、「自己投資のための時間」というものだった。お金持ちやお金持ち予備軍は、早起きして自宅で、あるいは会社で、本や新聞を読んだり、自分のための勉強をする。顧客データや部下の報告書などを眺め、その日の戦略を立てる人もいる。要するに、自分にとって身になることに時間を使っているのである。

成功本のエピソードを見ても、成功者は午前中の早い時間帯を有効に使う例が数多く見受けられる。たとえば、アメリカの「鉄鋼王」カーネギーもその一人だ。カーネギーは少年時代にスコットランドから渡った移民者であり、当初は貧乏だった。彼は電報受信・配

達夫として生計を立てていたが、毎朝、誰よりも早く出勤した。

カーネギーが朝早くに何をしていたかというと、配達する番地や姓名の暗記だった。これによりカーネギーの仕事は迅速なうえ、間違いのないものになった。そこから生まれた賞賛によって、カーネギーはお金持ちへの階段を一つ上がることができたのだ。

「成功する人が朝早い時間を重視しているのは、もっとも集中しやすい時間だからです。集中できるときに仕事をするのが、仕事ができる人に共通した習慣ですが、その最初の一時を自分のために投資しようと考える人は、貪欲に自分のレベルアップをはかりたいと考えています。一日のプライムタイムを自分の勉強のために割り当てるわけですから、それが血となり肉となる度合いも高いのだと思います」

そう言うのは、地方を中心に居酒屋チェーンを拡大しているB社長だ。居酒屋という業態から夜が活動時間の中心と思われているが、意外や意外、B社長自身は早寝早起きで、朝の静かな時間に次のビジネス展開の構想を練っているという。

現代は、カーネギーの時代とは異なり、「夜の長い時代」である。そのせいか、一般的には夜のほうが集中力が高まって、自己投資の時間に向いていると考えている人も多いようだ。だが、朝の貴重さは昔と変わらない。お金持ちは、夜という環境に限界があることを知っている。

夜は静かな時間だと思いがちだが、じつは刺激が多い。それも、人をリラックスさせ弛《し》緩《かん》させようとする刺激が多い。都会になるほど、その傾向が強い。テレビをつけても、リラックスさせる番組が多いから、ついつられて見てしまう。

また、夜に集中しようとしても、現実にはそうは集中が効かない。日中の雑務で疲れているから、集中力を上げようにも、上がらないのだ。さらに、夜の長さが、人を緩ませやすい。「夜は長い。まだ、たっぷり時間があるから」と思ってしまった瞬間、意志は緩んでくる。ダラダラとした時間を過ごし、思ったほどの効果を得られない。

その点、朝なら睡眠によって疲れを拭い去っているから、集中しやすい。会社に早く出掛けても、電話はかかってこないし、出社している社員が少ないから雑談にわずらわされることもない。じつに、静かな空間であり、集中しやすいのだ。また、朝は自由に使える時間が限られているので、集中しようという気になりやすい。

「眠そうな目をこすりながら満員電車に揺られている人と、空いている早朝の電車でゆったり座席に座って本を読みながら出社する人と、どちらが将来の可能性を感じますか？」

そう言って笑うB社長は、疲れをみじんも感じさせずに颯爽としていた。

お金持ちに共通する性格があった！

成功した当人より、そのまわりにいる人のほうが成功者のことをよくわかっているということは少なくない。ということで、一代で財を成したある創業社長のもとで長らく秘書を務めていたCさんに、成功者となる秘訣をうかがってみた。

「社長は若いころから、決断も早ければ、決断を実行に移すのも早かった。若いころの私は、それをたんなるせっかちと思い、こんな人は社長以外にそうはいないだろうと思っていました。けれども、それは違っていたようです。会社が大きくなり、他に財を成した人たちや政治家さんとのつきあいができはじめると、社長と同じタイプの人が多いことに気づきました。彼らは、とにかく、やることが早い。彼らの秘書もやることが早い。そんな彼らにせかせられ、ずいぶん鍛えられましたねえ」

秘書氏が言うように、成功の秘訣として「すぐに行動すること」をあげる成功者は多い。彼らは、鉄は熱いうちに打たないと鍛えられないことを知っているのだ。だから、思い立ったら即行動を起こす。

レンタルビデオ店の店員から世界的な映画監督になったクエンティン・タランティーノは、あるインタビューでその成功の秘訣を尋ねられて、「思い立ったら、いますぐやれ。さあ、椅子から立ち上がって行動しろ。明日じゃダメだ。いますぐだ」と叫んだ。この行動力こそ、成功者に共通する特徴なのである。

裏を返せば、成功できない人、お金持ちになれない人は、行動を起こすのが遅い、または行動を起こさない。何かやろうと思っても「もう少しいいアイデアが出そうだから」と、すぐに実行しない。あるいは「いまは忙しいから」を理由に、先送りにする。先送りするほどに、しない理由がだんだんと多くなり、しまいには何もしなくなるのだ。

物事を実行に移すとき、もっとも意欲が高いのは「やろう」と決めた瞬間だ。だから、成功する確率も高い。時間が経つごとに意欲は失せてくるから早く実行した者勝ちなのだ。

「もちろん、それで失敗することなどしょっちゅうですよ。僕はアイデアマンだと思われているようですが、じつは成功するのは一〇に一つもない。数多くの失敗の山の中から、一つ二つの成功が出てくるんです。まあ、言ってみりゃ、〝下手な鉄砲も数撃ちゃ当たる〟ですよ。でも、鉄砲は撃たなきゃ当たらない」

そう言うのは、数々のアイデア商品で財を築き上げた生活便利グッズを販売する会社の社長である。

成功する人は、決めたことはさっさと実行する。それがすべて成功するわけではないが、実行する回数が多ければ、当然成功する確率は大きくなる。ところが、行動を先延ばしにする人、やらない人は、実行機会が少ないから成功にたどり着くチャンスも少なくなる。成功する人は、合理的に行動しているだけなのだ。

名刺交換を人脈に変える奥の手

ビジネスハウツー書は、「異業種交流会や勉強会などに積極的に参加して、人脈を広げよ」

とよく説いている。多くのビジネスマンは、ハウツー通りに異業種交流会で名刺を交換し、人脈を広げようとしている。

ここで一つ疑問。異業種交流会や勉強会で知り合いを増やすことが、本当に成功につながるのだろうか。じつを言うと、それが役に立ったという話はあまり聞かない。知り合いは増えたものの、ただそれだけというケースのほうが圧倒的だ。

ビジネス塾を主宰し、数多くの起業家を育てているB氏は、「異業種交流会や勉強会に過度な期待は抱かないほうがいい」と述べる。

「名刺交換の場というだけです。名刺をいくらたくさん集めても、それは人脈とは呼べません。人脈とは、もっと情を通わせたつきあいの中から生まれてくるもので、たかだか一、二度同席したからといってできるものではないのです。名刺を数えて人脈が広がっていると考えているようでは、ちょっとこの先危なっかしいですね」

あるＩＴ系の起業家も、パーティや宴会のたぐいには極力出ないようにしているという。しかし、どうしても断れない場合もあるらしい。

「まったく誘いをお断りするばかりじゃ、相手の顔が立たないんでね。ときには顔を出しますが、乾杯して知り合いに挨拶したら、そそくさと退席しますよ。きちんと業績を伸ばしている会社の経営者は、みんなそんなものですよ。だいいち時間がありませんからね」

彼は、こうしたパーティや宴会で知り合った人は逆に警戒するという。

「名刺交換をしただけで、お友達や仲間のように思う人がいるんです。一度会っただけなのに突然電話を掛けてきて、自分勝手な頼み事をしてくることがよくあります。こちらもあえて敵はつくりたくないですし、お断りするのに苦労するんですよ。だから、そんなしがらみのつきあいはできるだけしないように、その手の異業種交流会やパーティには出席しないようにしているんです」

どうやら、名刺集めは人脈づくりにさして役に立たないようである。名刺の数を増やすために異業種交流会やパーティに顔を出すのは、それこそ時間のムダというものだ。しがらみの人間関係に膨大な時間を浪費することは、それだけ他のことに費やす時間が削られるということである。成功を願うならば、そのような時間の浪費は慎むべきだろう。

「本当に人脈と言えるような人は、それほど多くありません。二、三人といったところでしょうか。彼らの相談や頼み事なら、私はどんなことがあっても協力しますし、彼らも同様に私を受け入れてくれるでしょう。本当の人脈とはそういうものですし、こうした関係を築き上げるにはじっくり時間をかけて、裸のつきあいをしなければなりません」

とIT社長は言う。

たしかに、その通りだろう。何かあったときに、一も二もなく駆けつけてくれる人間が本当の友人であるように、心を割って胸の内をさらけ出せる人間が本当の人脈なのである。もちろん、親友が一朝一夕でできないように、真の人脈もそう簡単にはできない。名刺交換しただけで、人脈をつくろうとすること自体、虫のいい話なのだ。
とは言っても、やはりビジネスマンのご縁は名刺交換からはじまるのも事実。では、そこから人脈を築いていける人は、いったい何が違うのか？

ヒントは、名刺交換後にある。人脈を築くのが上手な人は必ずと言っていいほど、二四時間以内に相手にコンタクトをとっているのだ。いちばん多いのはメールでお礼状を出すパターンだ。丁寧な人になると、手書きでハガキをしたためて送る。中には、名刺交換しただけの人物でも、年賀状や暑中見舞いなどを出しているという、かなり筆マメな人もい

る。

この効果のほどは、自分自身に置き換えてみてもわかるだろう。パーティなどでたくさんの人と名刺交換をしても、相手の印象はそれほど残っていないものだ。けれども名刺交換後に相手から連絡が来ると、その人のことは強く印象に残る。

いままでもらった名刺をすぐに名刺フォルダにしまっていたという人も、まずはメールを出すことからはじめてみてはどうだろう。

スケジュール帳には、アポだけでなくこれも書き込め！

成功者やお金持ちにとって、時間は金よりも大事なものだ。だから、手帳やスケジュール帳の重要性について語る成功者は数多い。

ある女性経営者は、「スケジュール帳は、見えない時間というものを見える状態に変化させる道具」であると説く。大切な自分の時間を効率的に使うために、スケジュール帳ではっきりと目に見える形にして、自分の時間が何にどれくらいとられているか、どれくらい空いているかを確認しながら行動することが重要だと言うのだ。

もちろん、多くのビジネスマンもスケジュール帳を活用していることだろう。スケジュール帳を持たないビジネスマンは、よほどヒマな人間か、時間管理もしないグータラと思われても仕方がない。それくらい、ビジネスマンとスケジュール帳は切っても切り離せない関係にある。

だが、それほど多くの人がスケジュール帳を使っているのに、みんなが成功できるわけではないし、お金持ちになれるわけでもない。成功して大金をつかむことができるのは、スケジュール帳を使っている人のほんの一握りにしか過ぎないだろう。そこには、どんな違いが存在しているのだろうか。女性社長は、次のように語る。

多くの人は、スケジュール帳というと、日付のページに人と場所を書き込んでいるだけだ。それは、言ってみればアポイントの覚え書き、人とのアポイントを忘れないようにするためのメモである。それはそれで大切なことだが、成功している人や、仕事で成果をあげている人のスケジュール帳の使い方は、ただアポイントのメモをしているだけではない。たとえば、この女性社長は、自分の行動のすべてをスケジュール帳に書き込んでいるという。

具体的に言うと、人とのアポイント情報以外に、「自分がするべきこと」や「したいと思っていること」、さらには「考えていること」まで一冊のスケジュール帳に書き込んでいるというのだ。

この女性社長に限らず、スケジュール帳にスケジュール以外のことを書き込んでいる成功者は少なくない。

手帳に関する著作も出している著名な起業家は、手帳に自分がやりたい夢をすべて書き出している。しかも、その夢には日付が入っていて、何年何月何日までにこの夢を実現させると刻み込まれているのだ。

そして、彼らは時間があればスケジュール帳を見返し、やりたいことややるべきことを確認する。そうやって繰り返し見ていると、潜在意識の中に夢が焼き付き、自然と目標達成の方向に向かって行動するようになるというのである。

こうして見てみると、スケジュール帳は成功者にとってたんなるスケジュール管理の道具ではない。少なくとも、すでに確定したスケジュールを確認するためだけのものではない。過去から現在、未来まで含めて、自分が何をやりたいかを指し示す、自分の願望を映し出す鏡なのである。それは、スケジュール帳というよりも、行動計画表と呼んだほうがふさわしい。

さて、あなたのスケジュール帳をのぞいてみてほしい。「○月○日午後二時、渋谷、○

○商事B氏」などとシンプルに書かれているようでは、成功者の手帳とは言えない。空いているスペースがたくさんあるだろうから、これから自分がやりたいと思うことを書き連ねてみてはどうだろうか。たくさんの成功者が、手帳に夢を書くだけで成功に近づくことができると言っているのである。試してみても、損はないだろう。

自分の人生の〝脚本家〟になれる人が、大物になる

「お金持ちになる人となれない人の時間の使い方で決定的に違うのは、ライフプランを描いているかどうかですよ」
と言うのは、多数の資産家を顧客に持つ投資アドバイザーM氏だ。
「ライフプランというのは、人生の計画表です。まず、何をしたいか、どういうふうになりたいか、どれくらいの資産を築きたいかという目標が明確にあり、それをどれくらいの時期までに達成するのかという目標達成の目安を設けている人が多い。彼らは、その計画に基づいて自分の行動を決めているのです」

前項でお話しした手帳に期日付きの夢を書き入れるというのも、ライフプランの一つであると言えるだろう。とにもかくにも、成功者やお金持ちは、こうした人生のプランニングを立てている人が多いのだ。

成功本を読む限り、プランニングの仕方や、どの程度詳細に計画を立てるかは、その人によって違う。かなり綿密にプランニングする人もいれば、三〇代でこれだけは達成するというように、アバウトに目標設定している人もいる。だが、どちらも自分の目標を意識し、おおまかなタイムスケジュールを引いていることに違いはない。

「お金持ちになるということは、企業が営利活動を営むことと同じです。企業が事業計画を持たずに活動することはありえない。今期の売上げ目標があり、それを達成するために、営業部の行動計画が決まり、さらに部員一人ひとりの行動目標が決定されていきます。目標に沿って計画が立てられ、とるべき行動が決まっていく。つまり、計画を立てるということは、いまやるべき行動を明らかにするということなのです」(M氏)

人生は予測できないことに出会うから面白いんだ。そんな計画にのっとってやっていられるかという向きの人もいることだろう。だが、おそらく世の成功者、お金持ちはこう言うだろう。

「そういう生き方も否定はしない。計画していても人生には予測不能なことが起こるし、それがうまく作用することもあれば、マイナスとなることもある。そうしたことが起こるから生きていることが面白いということも理解できる。しかし、行き当たりばったり、徒手空拳でのぞむというのは、あまりにも運頼みの生き方ではないだろうか。もしかすると宝くじに当たってお金持ちになれるかもしれないが、そんな幸運は何百万分の一。大多数の人は三〇〇円を得るために三〇〇〇円を支払い続けることになる。そんな受け身の生き方はイヤだなあ」

どんな選択をするかはその人の自由。しかし、前出の女性経営者は、ほんの小さなささいなことを計画し、それを実現すれば、プランニングしてそれが達成されたときの充実感を味わうことができると述べている。それが繰り返されていくと、人生をプランニングしていくことの重要性も理解できるようになると言うのだ。

たとえば、「毎日忙しくてイヤになるよ。ときには息抜きがしたいなあ」と愚痴をこぼしているとする。では、この愚痴をプランニングしてしまおう。息抜きがしたいというのだから、息抜きの時間をセッティングするのである。

気のおけない友人たちとホームパーティを開くのもいいだろう。そう決めたら、日時と誰を呼ぶかを決める。みんなにメールして都合を聞き、場合によっては日時を変更する。次は、当日の料理の決定だ。ネット情報を調べ、簡単だけれど、ちょっと豪華に見える料理をピックアップし、レシピをプリントアウトする。さて当日、忙しい時間をやりくりして集まった仲間は、仕事を忘れて食べ、飲み、語らい、一時の息抜きを心ゆくまで楽しむ。「息抜きしたいなあ」という愚痴が「目標」に変わり、「計画」が立てられて「実行」に移され、「現実」のものとなったことに気づいていただきたい。

目標を立てプランニングを行うと同時に、それは自分の行動計画に落とし込まれ、実際に行動を起こさざるをえない状況になっていく。そして、行動を起こすことによって、それが現実化される。

それは、ライフプランという長いタームにおける行動計画でも同じことである。目標を掲げて、達成のための計画を練ると、自分の行動は自然と目標達成へと向かっていくのである。

あまりにも有名な話だが、世界のホンダを生み出した本田宗一郎氏はまだ浜松のバイク屋だった頃に、「世界に通用する企業になる」と豪語した。その夢に期日が付いていたかどうかはわからないが、彼がこんな大それたライフプランを描いていなければ、今日のホンダはなかったに違いない。

寝る前のちょっとした習慣が〝お金が集まる自分〟をつくる

成功本と呼ばれるものを何冊も読んでいると、しばしば「潜在意識」という言葉に遭遇する。「しばしば」というより、かなり「頻繁《ひんぱん》に」と言ったほうがいいかもしれない。「潜在意識に刷り込む」「潜在意識をプログラミングする」「潜在意識を活用する」「潜在意識に錯覚させる」等々、成功者やお金持ちは、潜在意識が大好きなようである。

潜在意識とは、無意識のうちに行動を支配する、意識にのぼらない自我の活動のこと。要するに、知らず知らずのうちに特定の行動をとるように仕向ける意識の働きがあるということである。

成功者が潜在意識を好んで使うのは、かなり強引に解釈するならば、成功に直結するような行動を習慣化するために、無意識の中に行動パターンを組み入れようとするためだ。ところが、やっかいなことに潜在意識の中に行動パターンを組み込むことはかなり難しいようである。潜在意識はこれまでの経験則にない未知の行動に抵抗するからだ。

人は誰でも、過去の経験や知識、あるいは常識といったものに形づくられた固定概念に縛られている。固定概念に縛られているなどと言うと、ものすごくマイナスのイメージになるが、人がまっとうに社会生活を営んでいくためには、経験や知識や常識で固められた枠組みが必要なのである。

この固定概念の枠組みは強固で、たとえばこれまでの人生でモテた経験のない人に、「自分はモテると思い込め」と言っても、「そんなの無理だよ」と思うに違いない。未知のものに対して、潜在意識は拒絶反応を示すからである。

それなのに、成功者やお金持ちは、「潜在意識のお金持ちになるスイッチを入れろ」とか「自分は間違いなく成功すると潜在意識の中に刷り込むことが重要」と言う。成功したこともないのに、お金持ちになったこともないのに、ガードの固い潜在意識にどうやったら新しいプログラムを押し込むことができるのか。

「潜在意識のガードをかいくぐるやり方があるのさ」というのは、人気の経営コンサルタントだ。「基本は、自分の願望を繰り返し念じること。将来自分がなりたい姿をイメージするんだ」

――イメージトレーニングですね。その効果は立証されていますが、問題はどうやって潜在意識にアクセスするかということで……。

「ポイントは潜在意識のガードが緩んだときに行うことさ。たとえば、夜眠る前のまどろみや、起きたときの頭がボーッとしている状態。このときは、潜在意識のガードがまだ十分働いておらず、願望が素直に潜在意識の中に入っていきやすいんだ」

経営コンサルタント氏は、とくに寝る前のイメージトレーニングを推奨する。

「朝は頭が働いていないから、けっこう忘れちゃうんだよね。だから、夜寝るときにやるのがいい。僕なんか、おそらく不気味だと思うよ。よくカミさんに『寝ながら笑っている』って言われるよ。未来の自分を想像しながら、ワクワクしているんだね」

夜寝るときに、自分が成功して祝福を受けている姿、お金がたくさん儲かってうれしくて仕方がない姿をイメージし、その幸福感に浸る。たったこれだけのことで、潜在意識の中に成功の回路がプログラミングできる。これほど簡単なことはない。

より専門的な方法論はいくらでもあるというが、こんなシンプルなことだけでも十分効果を得られるという。「寝る前にワクワク」、さっそく今晩からやってみてはいかがだろうか？

成功者は、空き時間にこんなことをやっていた！

これまで述べてきたように、成功者は効率的に時間を使おうという意識が高い。時間が有限であることを理解し、限られた時間の中でいかに有意義に行動するか。そのために、さまざまな工夫をこらしているのである。

ちょっとした空き時間の活用もまた、時間を有効活用するためには見逃せないポイントで、多くの成功者がさまざまなノウハウを紹介している。たとえば、ある人は朝、出社する前の細切れの時間の中で、メールをチェックし、返信を出す。そして、通勤の電車の中で今日一日の流れを組み立て、出社したらすぐに行動に移れるようにしているという。またある投資家は、市場が開く前の一〇分間、必ず般若心経を唱えるそうである。焦ったり、カッとなったりせず、平常心を保つためらしい。

面白いところでは、移動時間には必ずビジネステープやビジネスＣＤを聞いているというものもあった。高級外国車のディーラーで常にトップセールスを記録し、現在はセールスプロフェッショナルの養成所を運営しているＫ氏である。

「私の場合は、成功者の肉声が入ったテープやＣＤを聞くんです。仕事柄、クルマでの移動が多かったので、車内では常にテープやＣＤを流していましたね」

――なぜにまた成功者のテープを？

「成功した人というのは、しゃべりも面白いんですよ。いろいろなことを体験しているから体験談も面白いですし、本を読むよりもわかりやすい。移動時間を利用して聞くのにぴっ

たりなんです」

――昔、一時ビジネステープを聞くのが流行った時期もありましたが、いまそういうものを聞く人はめずらしいのでは？

「そのようですね。でも、本当にもったいないことだと思います。こんなに便利でためになるものをみなさんどうして活用しないのでしょうか？」

――どういう点が便利でためになるのですか？

「いま申し上げたように、楽しみながら知識やノウハウを吸収することができます。私の場合、クルマの中で繰り返し聞いていますから、一度聞いたときに気づかなかったことに、二度めに気づいたり、三度めにさらに深く理解できることもあります。こうして知識やノウハウを吸収するのがいちばんの目的ですが、じつは他にも大きな意味があるのです」

――大きな意味とは、いったい何ですか？

「成功者というものは、たいてい自分を信じ、積極性に満ちあふれているものです。彼らの言葉を聞いているだけで、こちらまで勇気づけられ、何でもできそうな気になってくる。つまり、ポジティブなモチベーションが高まってくるんです」

たしかに、ビジネスを一から育て上げた創業社長などは、底抜けにポジティブな人が多い。エネルギッシュで活動的で、どういうわけか未来は明るいような気にさせてくれる。

そうした人たちの肉声を聞いて、K氏は「自分もやるぞ！」と意識を高めているという。

「ポジティブな言葉ばかり聞いているとネガティブなイメージが頭から消えるんですよ。どうしても人間、無理じゃなかろうか、失敗したらどうしよう、この先どうなるんだろうなどとマイナスイメージが浮かんできてしまうものですが、成功者の肉声テープを聞いていると、そんなことを考えるヒマもない。こんなにいいことばかりが、ちょっとした空き時間でできてしまうのに、みんな聞かないなんてもったいないですよ」

そう楽しそうに語るK氏の言葉を録音したICレコーダーを後で聞き返してみると、彼が言っていたことが少しわかるような気がした。

PART2

チャンスの女神の〝前髪〟は意外に長い?

成功者たちはこうして「転機」をつかんでいた!

チャンスをモノにしたければ、「口説き上手」になれ

「チャンスの女神に後ろ髪はない」とよく言われる。絶好の機会はそうそうあるものではない。ここぞというときに、しっかりそのチャンスをモノにしないと、もう二度とチャンスはめぐってこない。要するに、ボヤボヤしていて目の前にあるチャンスに気づかずに逃すようなことはするなと言っているのである。

たしかに、成功したり、お金持ちになる人は、たいてい人生のどこかで転機を迎えている。人の縁、仕事上の縁などから、チャンスが回ってくるのだ。それを逃さずにモノにしたとき、お金持ちへの階段を駆け上がることができる。

しかし、言うは易く行うは難し。どうしたらチャンスに気づき、それが通り過ぎる前に前髪をつかむことができるのか。

「チャンスをつかめるかどうかは、女性を口説くのに似ている」

あるお金持ちの紳士はそう言った。

「女性を口説くとき、君はどうしている？」

――そうですね、まず関心を持ってもらうために、ホメますね。容姿や服装、持ち物、仕草、さらには性格、とにかくホメることができそうなものは総動員するでしょうね。

「そう、女性をモノにしたいなら、いい気分にさせることが重要だ。いい気分になれば、こちらのことを信用しやすくなるし、心も開いてくれる。男性が女性に対してほめ言葉を口にしたり、プレゼントを渡すのは、すべて女性をいい気分にさせるためだと言っても過言ではない。チャンスをモノにするのも同じことなのだ」

――つまり、女性を口説くのがうまい人のほうが、チャンスをつかみやすいということですか？

「ある意味で、そうだとも言える。女性をほめることができる男性は、いつもニコニコし

ていて女性に警戒心を抱かせない。逆に女性が苦手でほめ言葉も口にできないような男性は、ムスッとした表情をしていることが多い。どちらのほうに女性が集まるかはあらためて言うまでもない。同じように、いつも明るくニコニコしている人のまわりには女性に限らず、人が集まってくる。ムスッとしていると人は寄ってこない。人は誰でもいい気分になりたいから、ニコニコしている人のそばに行きたがるんだ。人が集まれば、それだけチャンスもやって来るというわけさ」

たしかに、ニコニコしている人、いつもアグレッシブで撥剌《はつらつ》としている人を見ていると、こちらもその楽しそうなパワーのお裾《すそ》分けにあずかりたくてそばに寄っていってしまう。楽しい気分になれば、何かいいことがありそうに思えてワクワクする。またワクワクしたいから、その人のそばに行こうとする。

「ビジネスも同じ法則が当てはまる。お客さんをいい気分にさせれば、そのお客さんはまたやって来てくれる。おまけをつけたり、割引クーポンを提供したりするのは、お客さんをいい気分にさせるためだ。いい気分になれば、今度は友達を連れてやって来るかもしれない。つまり、チャンスが拡大したことになる」

——ということは、いつも明るく振る舞い、人を楽しませることを考え続けることが成功の秘訣ということになりますね。

「そういうことだ。だから、自分はどうやったら人に喜びを提供することができるかをよく考えておくことが重要なんだ」

人生の師匠・メンターに弟子入りしよう

成功者やお金持ちの体験談を読んでいると、メンターについて触れているものが少なくない。成功するためにはメンターを持つことが重要だと、多くの成功者やお金持ちが述べているのである。

メンターとは、ギリシア神話に登場する賢者メントールが語源と言われ、「良き助言者」と訳される。成功本では、苦境に立たされたり、迷ったりしたときに相談に乗って適切なアドバイスや示唆を与え、自分を導いてくれる師というような意味で使われることが多いようだ。

メンターは、仕事やキャリアのお手本であり、常に自分の味方でいてくれる。メンターの存在がなければ、いまの自分はなかったと言い切る成功者がどれほど多いことか。メンターもは

や成功本の定番中の定番となった感のある本田健氏の『ユダヤ人大富豪の教え』（大和書房）は、ひょんなことから知り合ったユダヤ人の大富豪に幸せなお金持ちになる秘訣を教えてもらう物語だが、まさにこのユダヤ人大富豪こそメンターの象徴的存在、メンター・オブ・メンターであると言っていいだろう。

これほど直接的に成功の秘訣を教えてくれるメンターがいれば、たしかに成功間違いなしと言えそうだが、現実はそうそう甘くない。多くの人にとっては、ユダヤ人大富豪と知り合うことすらままならないだろう。

しかし、ユダヤ人大富豪とまではいかなくても、精神的支えとなってくれるメンターなら、それほどハードルは高くない。まわりをよく見渡してみれば、きっとどこかにいるはずだ。

では、メンターとするにふさわしいのはどういう人物なのか。成功者の意見をうかがってみよう。

「メンターは、信頼できる人物でなければいけません。つまり、人として魅力的で、なおかつ仕事の能力も高い人。私の場合、メンターとして事あるごとに相談に乗ってもらっていたのは、新人時代に部長を務めていた人でした。とても頭の切れる人なんですけど、それをひけらかさないし、部下に対しても偉そうな態度をとらない人でした。その人間的懐の深さに参ってしまったんですね。その後、その人は外資系企業に引き抜かれて社長になりました。会社が変わっても、よく飲みに行って話を聞いていましたね。彼から学んだことはとても大きいです」

と語るのは、輸入中古車販売の会社を興して成功を収めた人物だ。彼は会社員時代の上司をメンターとしたわけだ。

「僕の場合は、取引先の人がメンターでした」

そう言うのは、ウェディングプランニングの会社を起業した若手実業家である。

「僕の親父ほどの年齢で歳は離れていたんですが、とにかくカッコいい。すごく遊びにたけているんですが、仕事になると恐いくらいに冷静で、的確なアドバイスをしてくれました。もちろん、遊びも教えてもらいましたよ。僕が独立したときは役員になってもらいました。いまでも、僕の大切な相談役です」

メンターが、身近な人ばかりとは限らない。中には、一度も会ったことのない人をメンターとしているケースもある。

「わたしは女性経営者として大活躍されているOさんを、勝手に自分のメンターにしています。一度もお会いしたことはないんですけどね」

先頃、女性ばかりのプランニング会社を設立したEさんにとって、経営者としての大先輩Oさんは憧れの存在だ。マスコミにもよく登場し、世間的な注目度も高い。

「わたしはOさんの著作はすべて読んでいますし、雑誌等の対談やインタビューもすべて目を通しています。ブログも欠かさず読んでいます。わたしの経営者としてのスタイルは、Oさんから学んだものなのです。何か問題が起きたときは、Oさんならどうするだろう、どう考えるだろう、どんな行動をとるだろうと考えます。Oさんの思考パターンになりきって、彼女が決断を下すところをイメージするのです」

このようなメンターの持ち方もあるということだ。

さて、あなたのまわりにはお手本やモデルケースにしたい人物がいるだろうか。

この方法で、成功のキーマンとお近づきになる！

メンターが精神的支柱とするなら、成功に直接関わるチャンスを与えてくれるキーマン的存在もいる。多くの成功者が、「成功は一人ではできない。どれだけ他の人の協力が得られるか。それが結果を左右する」と述べている。協力者、人脈、パートナー……いろいろ言い方はあるが、成功のカギを握る人間と出会い、援助を受けることが、成功への近道であることは間違いないだろう。

成功のキーマンを得るために多くの成功者が実践してきたのは、いたってシンプルな方法だ。成功者たちの中に身を置くことである。

「成功者の輪の中に入り、つきあいを広げなさい」

多くの成功本はそう述べている。居酒屋で会社や上司の悪口を言い合う同僚たちの輪から抜け出し、成功している、あるいは成功を目指そうというグループの中に身を置くことが大切だ。なぜなら、人は身近な思考に影響を受けやすいからだ。

「こんな会社はダメだ」「課長は何もわかっていない」などと愚痴が飛び交う環境の中に

いれば、気づかないうちに自分もその思考パターンに染まり、仕事やビジネスに対するモチベーションを低下させていく。成功者は愚痴やマイナス思考が行動の足を引っ張ることを知っているから、そのようなことは極力口にしない。そういう環境に身を置いていると、自分も自然とポジティブな思考パターンに染まっていく。

しかし、成功者の輪の中に入り込むことは、容易なことではない。そのため、心から成功したいと望む人は、成功者とお近づきになるためにさまざまな工夫をこらしている。

たとえば、世界的に有名なコンサルティング会社の創業者は、取引したいと願う大企業の社長に近づくために、その社長の自宅の隣に引っ越したという。そこまでやって親しくなるきっかけをつくり、以後の取引へと発展させたのである。そんな思い切った手段をとれる人はそう多くはないと思うが、実際、成功した人はいろいろなことをやっている。

「当時はちょっと無理をしたんですけど、子どもをお金持ちが通う私立の小学校に入れました。その父兄会で知り合った投資家に出資してもらって現在のビジネスを立ち上げたんです」と語るのは、ITビジネスの会社を起業した若き経営者だ。

「私の場合は、ヨットクラブに入りました。若い起業家のたまり場のようなところで、いろいろと相談に乗ってもらいました。そこで受けたアドバイスはかなり役立っていますね。役員になってもらっている人も何人かいます。現在の成功の基盤を築いたのはヨットクラ

ブだと言えるでしょう」（レストランの多店舗経営者）

このように、趣味の分野から入っていくのも一つの手である。富裕層が好む趣味（要するにお金がかかる）のクラブに入り、知己《ちき》を広げていくのである。

成功者や富裕者は、彼らだけに流通する独自のネットワーク情報を持っている。有利な条件の不動産物件や投資の情報、新規に顧客になってもらえそうな人の情報など、その輪の中にいなければ絶対に知り得ることができない情報が流通しているのだ。そうした情報の一端に触れるだけでも、成功者たちのサークルに入る価値はある。

子どもをダシにしたり、興味もない趣味の会に出入りするなんてことまでやらなければいけないのか、と思っている人はまだまだ甘い。成功した人はみな、成功のキーマンを求めて戦略的に行動してきたのだ。

「好き」を突き詰めたとき、人生の扉が開く

さて、成功者やお金持ちは、どんな仕事で成功を勝ち取ったのだろうか。『普通の人が

こうして億万長者になった』(本田健著/講談社)に興味深いデータが載っている。現在の仕事を選択した理由を年収別に質問したものだ。

それによると、年収の低い人ほど、給料や売上げなどのお金の条件によって仕事を選ぶ傾向にある。ところが、高収入層で見てみると、自分の能力や才能が活かせるかどうか、自分の大好きなことかどうか、人が喜ぶかどうかで仕事を選ぶ人が圧倒的に多いのである。

実際、多くの成功者が「自分のやりたいこと、ワクワクすることに全力投球せよ」と述べている。

「私が成功できたのは、好きが高じたことですね」

と語るのは、ペット・マッサージで年商一〇億円近くのビジネスを展開している経営者だ。エステサロンやマッサージはすでにビジネスとして確立されたものだが、言うまでもなく人を対象としたものだ。犬が大好きなこの経営者は、「人間が気持ちいいことは、犬も気持ちいいに違いない」と自分の愛犬を実験台に、犬がリラックスできるマッサージを大研究。そこで開発したノウハウを活かそうと、ペット・マッサージのショップを立ち上げたところ、愛犬家たちの評判を呼び、大繁盛した。さらに、セミナーを開いてこのペット・マッサージの方法を教えると、これもまたまた大ヒット。瞬く間に急成長を遂げたのである。

「はじめはペットをマッサージしてどうする、なんて言われていましたけど、大好きな犬をどうしたら気持ちよくさせることができるかということだけ考えていたんです。その結果、自然と会社を大きくすることができました」

世界的に有名な経営学者ピーター・F・ドラッカーの名言の一つに、「強みの上に築け」という言葉がある。自分の強みや仲間の強み、組織の強みを活かすことがビジネスで成功する秘訣だと述べているのである。

ただし、この強みというものが自分ではなかなかわからない、とも述べている。他の人と交流する中で、さまざまな反応を勘案して判断するしかないというのである。

この点については、多くの成功者たちも言及している。ある人は、自分のやりたいこと、

得意なものが何かわからなかったら、子ども時代に大好きだったものを思い出せと述べている。

また、ある人は、自分の本当にやりたいことを知るには、やりたいと思うことをピックアップするだけではダメで、やりたくないことは何かを考えなければいけないという。やりたくないことを明確化することによって、逆説的にやりたいことがはっきりしてくるというわけだ。

いずれにしても、みな「とりあえず、やってみろ」と説いている。行動を起こしてみるのと、頭の中だけで考えているのとは大違い。実際にやってみれば、それが本当に望んでいることか、それともそれほど強い思いを持っていないかはおのずと明らかになってくるというのである。

「好きなことはそれほど労力や忍耐を要さずとも続けられますよ。続けられるというのが重要なんです。続けていけないと成功なんてできませんからね。だから、好きなことをやれと言われるんです」

ある成功者がそう言うように、とにかく自分が好きだと思えることを手当たり次第にやってみることで、扉が少し開かれるのかもしれない。

運やツキを〝頼る〟よりも〝呼び込む〟

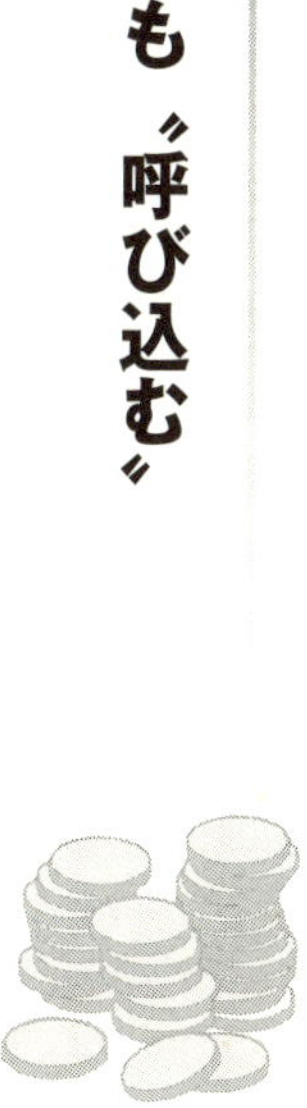

「謙遜でも何でもないんだが、実際のところツイていただけだよ」

ある著名な経営者に、成功の理由を聞いてみたところ、このような答えが返ってきた。おそらく、これは正直な感想なのだろう。でも、ちょっと食い下がってみる。

――運もあったでしょうが、それだけではないでしょう？

「強いて言うなら、運やツキを呼び込む体質になるように心がけていたことかな」

運やツキを呼び込む体質ですか？

「そう、成功者やお金持ちというのは、ある意味で運に恵まれた人だ。一生に何度か大きなツキが舞い込み、それをモノにすることによって成功の階段を昇ったり、大金を手にすることができる。ほんのちょっとした運命のいたずらが明暗を分けてしまうことはよくあることだが、運やツキが舞い込みやすい人とそうでない人がいるように思うんだ」

――それが運やツキを呼び込む体質ですか？

「私はそう思っている。運やツキを呼び込む体質のようなものを持っている人に幸運の神が宿り、そうでない人には神は宿らない。成功者やお金持ちは、運のいい人というよりも、じつは運を呼び込める体質の持ち主なんだと思うよ」

う～む、何やらスピリチュアルな話になってきた。でも、多くの成功者が似たようなことを言っている。彼らは運やツキもコントロールできてしまうのだろうか。

――では、運やツキを呼び込む体質になるにはどうすればいいんでしょうか？

「その運を呼び込める体質とは何かということだが、一つは周囲にいつも感謝している、朗らかな性格であることだ。まわりのみんなによくしてもらっているおかげで、自分はいつも恵まれている、そう心から思っている人のもとに、運は宿りやすい。いわば、感謝と笑顔が、運をたぐり寄せているんだ」

なるほど。そのメカニズムはわかるような気がする。まわりの人に感謝し、楽しそうにしている人を見ると、周囲の人たちはいい気分になる。「あいつといると楽しいよ」「感謝されっぱなしじゃまずいから、たまには何かしてやろう」「あいつに、いつか協力してやりたいな」と思うようになる。感謝と笑顔を欠かさない人は、周囲からいろいろな後押しをしてもらっているのだ。その後押しを、運やツキと見なすこともできる。

――反対に、運やツキを呼び込めない人はどうなのでしょう？

「逆説的なんだけどね、運やツキを呼び込めないのは、運やツキに頼ろうとする人たちだと思うよ。運やツキに頼ろうとすると、どうしても依存体質になりがちだ。まわりに何かしてほしい、助けてほしい、提供してほしいという雰囲気をかもし出す。求めるばかりで、自分から何かを差し出そうとはしない。そのためまわりの人は遠ざかり、支援を得られない。これが、運のない状態だ」

たしかに、運やツキを求めすぎると、他人頼みになってしまい、自ら行動を起こそうとしなくなる。そんな人間を応援する者はいないということだ。

「自分はツイていると信じ込んでいる人にも、運やツキは宿りやすい。それをたんなる思い込みの強い人と片づけるのは、フツーの人だ。自分はツイていると信じるなら、常に物事に積極的になれるし、楽天的でいられる。そんな姿勢の人は、ちょっと失敗したぐらいでは精神的にぶれることがない。だから、成功を得やすいんだと思う」

なるほど、そういうことだったのか。ツイている人というのは何をやってもうまくいくように見えるが、それは自分で運やツキを味方につけて、応援団を増やしていたのだ。反対に、感謝の気持ちと楽しむ心を忘れてしまうと、運やツキに見放されてしまうものなのかもしれない。

他人がやらないことの中に、鉱脈がある

普通の会社員だったHさんが資産家になった転機は、バブル崩壊にあったという。バブル崩壊によって人生の絶頂から奈落の底へ転落した人は大勢いたが、Hさんの場合はバブル崩壊によって、地味で何の取り柄もない一サラリーマンから、資産数億円を運用する資産家に昇り詰めていったのだ。そこには、どんな秘訣があったのか。

「バブル景気といって世の中が沸き返っていた頃は、僕は一介のサラリーマンに過ぎませんでした。世の中は好景気と騒いでいましたけど、若かった僕の給料は安く、景気のいい話は一つもありませんでした」とHさんは言う。

世の喧噪《けんそう》とは無縁の普通のサラリーマンだったHさんにとって、バブル崩壊はどのようなものだったのだろうか？

「とくに変わったことはなかったですね。みんな株価が下落、地価が下落と騒いでいましたけど、僕にとっては別世界の出来事でまったく関係ありませんでした」

――それがどうして投資の世界へ？

「やっぱりちょっとうらやましい気持ちがあったんでしょうね。バブルの頃に、多くの人が株が上がって何十万儲けたなんて話を聞いていましたけど、僕にはとても株を買うお金がなかった。でも、バブル崩壊で一時四万円近くまでつけていた日経平均株価が、ズルズルと落ちてきた。折しも仕事でヒット商品をつくることができて、一〇〇万円ほど臨時ボーナスが入ってきた。いまなら僕でも買える値段になったから、あぶく銭はないものと思って一〇〇万円で株を買ったんです。それが一九九二年頃ですね」

一九九二年と言えば、バブル崩壊後の株価暴落が一度底を打ち、再び上昇気配に転じた年である。その意味では、Hさんは運がよかったと言える。

「それでけっこう儲かりましてね。儲かると面白くなって、どんどん取引額を増やしまし

た。ただ、それから株価は紆余曲折をへて、七〇〇〇円台まで下がったりもしましたから、損することもありましたけどね。

でも、株である程度資金ができたときに、ある人に勧められて、不動産をはじめたんです。地価も安くなっていましたし、処分を急いでいる人もいましたから、かなり安く買えたんですよ。おもにマンションやアパートですけど、僕の場合は転売目的ではなく家賃収入ですね。これがうまく回転して、株価が下落しているときもかなりの利益を稼ぎ出してくれました」

失礼ながら、Hさんはあまりお金持ちという風情には見えない。どちらかというと、冴えないサラリーマンのよう。

「そうでしょ」とHさんは笑う。「贅沢にはあまり興味がないし、生活もサラリーマン時代とそう変わっていません。僕は運がよかっただけですよ。でもね」とHさんは言う。「自分でやってみてわかったんですけど、みんながダメだと撤退しているときこそチャンスなんですよ。投げ売りパニックになると、ホントお買い得状態になる。だから、僕はこのサブプライム不況も悲観していませんよ。仕込みを入れる絶好のチャンスですからね」

たしかに、Hさんの言うように、投資は市場が冷えたときに買い、過熱したときに売るのがいちばん儲けが出る。だが、株の格言に「大衆は天井を買い、底値を売る」というものがあるように、多くの人は株価が上昇して市況が活気づくとワッと群がり、天井を打って落ちていくと我慢できずに売る。そういう大勢と逆張りをしていくことが、儲かる投資のコツなのだろう。

しかし、わかっちゃいるけど、それがなかなかできないのが人間というものだ。「人の行かない道にお宝がある」という儲けの鉄則は、いつも肝に銘じておきたい。

お金があるときにこそ、借金するのはなぜ？

都心の一等地に立つ瀟洒《しょうしゃ》な美容室。この美容室のオーナーがM氏である。M氏はこの本店美容室をトップに、全国六都市に一〇店の美容室チェーンを展開している。言わずともわかる、かなりのお金持ちである。

そんなM氏に成功の転機を聞いてみると、「無借金経営をやめたときかな」という答えが返ってきた。

――えっ、それって逆なんじゃないんですか⁉

無借金経営は、文字通り銀行などの金融機関から借り入れを行っていないということ。すべて自己資金でビジネスを行っている経営状態である。借り入れがないから返済に追われることもなく、健全で安定した経営である、というのが一般的な考え方ではないのか？

「まあ、借金がないわけだから健全と言えば健全だけど、発展は望めないよね。つまり、大きなお金持ちになることはできないね」

彼も一時は無借金経営を行っていたという。美容室の経営は順調で、事業拡大を目指さなければ、安定した利益を生み出していた。しかし、あるとき知り合いの美容室が潰れた。銀行の貸し剥がしにあったのである。

「ひどいと思ったね。いいときは『お金を借りてください』と頭を下げるのに、少し景気が悪くなると途端に『金返せ』でしょ。こんな理不尽なことはないと思った。けれど、ちょっと待てよ、と。銀行が金を貸してくれるのはいいときしかないんだったら、経営がうまくいっているうちにお金を借りるしかないじゃないか。それで試しに融資を申し込んだら、あっさりＯＫ。その資金で二店舗めを出して、それが軌道に乗るとまた借金して三店舗めという具合に増やしていったのさ」

Ｍ氏は、経営が順調なときでなければ、生きたお金を使うことはできないことに気づいたという。つまり、経営がうまくいっていて利益を生み出しているときにする借金は、事業拡大などの投資に回る。しかし、経営が厳しいときの借金は運転資金などの穴埋めに回り、利益を生み出すことにつながらない。だから、うまくいっているときに借金して利益を生み出す仕組みを広げるというわけである。

「うまくいっているときに、一気呵成《かせい》に攻めなければ、チャンスを逸してしまう。だから、オレはいま積極的に借金して事業を拡大しているんだ。それが成功を大成功に引き上げるコツかな」

――でも、もし何らかの事情でうまくいかなくなったらどうするんです？

「そのときは、躊躇《ちゅうちょ》なく商売を縮小するよ。そのための準備もしてある。オレは手に職があるからね。すべてなくなっても、また女房と小さな街の美容室でもやるさ」と笑うM氏。

う～む、お金を増やすためには、多少リスクをとっても攻めなければいけないのか。

一方で、こんな見方もある。不動産業を営んでいて、バブル崩壊によって大打撃を受けたO氏の言である。

「貸し手と借り手とでは、どっちが強いかというと、多くの人は貸し手と考えがちですが、それは、違うんですよ。強いのは、借り手のほうなんだ。たしかに、貸し手は最終的に資金を引き上げ、借り手を潰すことができるけれど、そのときは返り血を浴びる。貸した資金のすべてが回収できるわけではないからね。貸し手だって、借り手を潰せば大損をするわけですよ。だから、じつは貸し手は借り手の出方にビクビク怯えているんだ。

オレなんか、『いま潰していいの。それじゃ、お金、回収できないよ。それより、いまの事業にお金、貸してよ。うまくいけばみんなまとめて返せるようになるよ。このほうがいいんじゃないの』と、いつも開き直ってきたからね」

そうやってO氏はバブル崩壊で大火傷を負ったにもかかわらず、図太く生き抜き、いま再び事業を拡大している。

お金持ちとは、じつにしたたか者であるのだ。

成功者が語る「失敗の哲学」

「失敗は成功の素」などと言われるが、それはお金持ちの世界でも通用するものなのだろうか。セレブ向けの情報誌を編集し、お金持ちの世界に詳しいT編集長に聞いてみた。

「もちろん。お金持ちというと、すぐに『人生の成功者』というイメージを思い浮かべるかもしれませんが、お金持ちは、たんなる人生の成功者ではありません。じつは、失敗を

数多く重ねてきた人でもあるんです。自らの失敗をたっぷり味わった人こそが、大きな成功を勝ち得、お金持ちになったと言えるでしょう」

――なるほど、なるほど、お金持ちもたくさん失敗しているわけですね。では、成功者やお金持ちの失敗と、普通の人の失敗はどこが違うのでしょうか？

「そうですね、あえて言うなら、お金持ちとは、『失敗を恐れない人たち』だと言えます。彼らは成功するために十分な用意をしていますが、すべて成功するわけではなく、よく失敗もする。その失敗の屈辱をたっぷり味わい、教訓とする。その教訓が、次に大きな成功を呼んでくるのです。

それに対して、フツーの人は、失敗を恐れて、何もしないことが多い。何もしなければ、失敗もしない代わりに、成功もしない。だから、フツーにしか生きられない。フツーの人はお金持ちを何となくうらやましがりますが、お金持ちはそれまでに失敗というリスクをとってきたのです。そこをわからない限り、フツーの人がお金持ちになることはないでしょうね」

たしかに、果敢に勝負に出なければ、勝利はありえない。しかし、ときには敗北を喫することもある。そんな経験を繰り返してきた人が、お金持ちになっていくのだ。

アメリカと日本で、お金持ちのスケールが違うのも、アメリカが失敗について許容的な社会だからだと言われる。あるアメリカ人経営者は、「アメリカのお金持ちは、そこに至るまでに、一度や二度、会社を潰している。会社を潰したことが、一つの勲章になるほどだ。失敗し、そこから学ばなければ、大きな成功は得られないんだ」と力説する。

「成功する人やお金持ちになる人の特徴はね、失敗を失敗と思わず、一つの発見であり、新しいドアが開かれるときだと思っているところだよ」

そう言うのは、度重なる事業の失敗により、二度の夜逃げとホームレスまで経験した経営者である。七度めにして、ようやく事業が軌道に乗り、現在では年商六億円の会社を切り盛りしている。

「知ってますか？　リンカーンは商売で失敗し、測量士や軍人や弁護士をやってもパッとせず、仕方がないから政治をやったら、合衆国で一番尊敬される大統領になったんですよ。電話を発明したベルは、最初は難聴だった妻のために補聴器を開発していて失敗したことが、電話の発明につながったんですよ。七転び八起き、人間あきらめなければ、何とかなるもんです」

――そうは言っても、商売の失敗や投資の失敗は、立ち直れないくらいのダメージになることもあるのでは？

「そんなもん、考え方一つです。ナポレオン・ヒルっちゅう人は、『ある仕事に三度失敗してそれでもあきらめないなら、あなたはその道で指導者になれる可能性があると思ってよいだろう。一〇回以上失敗して、なお努力を続けられれば、あなたの心には天才が芽生えはじめている』と述べています。私はそれを信じて何度もチャレンジし続けているんです」

たしかに、それには頭が下がる。要は、失敗から何を学ぶかということか。失敗して、「これは自分に合わないことを学んだ」と思えば、それは選択肢を絞ることができたことになるし、「この部分を間違えたから、今度は気をつけなければ」と考えれば、貴重な勉強代だったと捉えることもできる。この社長が言うように、あきらめなければゲームは終わらないのだ。

転ぶのを怖がらない
転んでも泣かない
転んでもタダで起きない

「失敗せずに成功するなんて、ありえません。成功したいなら、失敗と友達になりなさい。それも仲のよい友達になって、失敗したら、『よし一つ利口になった』と喜ぶくらいに。そうすれば、失敗が成功を呼んできてくれますよ」

PART3

マイナスが瞬く間にプラスに変わる!

金運を引き寄せる人ならではの「発想法」

「ネガティブ思考をしてはいけない」では成功できない!?

「金持ちになるためにもっとも重要な思考パターンは何だかわかるか?」

唐突に質問された。株やＦＸで一〇億円以上の資産を築き、その経験を活かして「金持ち養成講座」なるものを運営しているN氏である。彼の教えはとても役に立つのだが、突然何の前触れもなしに質問してくるクセがある。しかも、常に上から目線で言ってくる。それがちょっと苦手なのだが、まあそんなことはどうでもよろしい。こういう場合は、即座に答えないと、説教を受ける。

「う〜ん、そうですねえ。何でしょうねえ。めげない気持ちかな」

「そんな答えだと五〇点だな。めげない気持ちとは、何にめげないようにするんだ?」

「え〜と、たとえば、相場が自分の予想とは逆の方向に進んで損失を出したときに、いつまでも悔やんでいてもしょうがないので、気持ちを切り換える必要があります。めげているばかりでは先に進めません」

「たしかに、その通りだ。それ以前にもっと重要なことがある」

「重要なことって何ですか？」

「自分を信じることだ。どんなことがあっても自分を信じることだ。自分を信じることができないと、ビジネスにしても、投資にしても成功することはできない。これは芸能人でもスポーツ選手でも同じことだ」

そうN氏は言った。たしかにそうだとは思うが、ここは少し食い下がってみよう。

「でも、それが難しいんですよ。『弱気にならないようにしよう』『ネガティブな思考をしてはいけない』と言い聞かせてみても、心のどこかに弱気の虫がいることを感じたり、『ホントはダメなんじゃないか』って考えてしまいます」

「そうだろうな。よくわかるよ」

そ、そうだろうなって、どういうことだ⁉

「『自分はお金持ちになれないんじゃないのか？』と考えている人がお金持ちになれるわけがない。お金持ちになるのは、『当然自分はお金持ちになる』と考えている人だ。成功本を読んでいる人が増えているから、もういまではネガティブ思考はダメだということは知られている。だけど、思考パターンとして『ネガティブ思考をしてはいけない』『自分に自信を持たなくてはいけない』はダメなんだ」

「どうしてですか？」

「あるものを否定するという思考の流れだからだ。『ネガティブ思考をしてはいけない』は、ネガティブ思考を否定している。『自分に自信を持たなくてはいけない』は、自信がないことを否定している。つまり、最初にマイナス要因をイメージして、それを否定するという形になっている。こういう思考パターンは、かえってマイナス要因を意識させることになるんだ」

「〜してはいけない、という形がダメだということですね」

「そういうことだ。成功に近づく者は、『ネガティブ思考はいけない』ではなく、『ポジティブ思考でいこう』と考える。『自分に自信を持たなくてはいけない』ではなく、『自分には自信がある』と思考する。ほんのささいな差のように思うかもしれないが、この違いは大きい」

「なるほど。僕も知らず知らずのうちにダメな思考パターンをしていたわけですね」

「そういうことだ。だから、おまえはいつまでたっても芽が出ないんだ」

そこまで言うかあ？　でも、N氏のこの自信満々の態度は、自分の意識を勝者の思考パターンに導くためにわざとしているのかも……いや、きっと性格だろうな。

目標を達成できる人は〝紙の使い方〟が違う！

自分の目標や計画を紙に書き出すと、成功することができる――じつに、驚くほど多くの成功者が共通して述べている「成功の秘訣」だ。

受験生が「○○大学合格」と紙に書いて壁に貼るように、目標を色紙に書いてデスクの近くに掲げている人もいるが、多くの成功者が推奨しているのは、手帳やノートに夢や目標を書くことだ。

たとえば、ベストセラー『一冊の手帳で夢は必ずかなう』（かんき出版）の著者でＧＭＯインターネット会長の熊谷正寿氏は、一つの手帳を「夢手帳」「行動手帳」「思考手帳」という三つの用途に使い分けていると言う。「夢手帳」には、やりたいことリストや今年の目標などを書き、「行動手帳」にはＴｏ Ｄｏ リストやスケジュールなどを記入する。「思考手帳」は、プロジェクトごとのメモやいま考えていることなどを書いておく。この手帳をつねに携帯して事あるごとに読み返し、繰り返し頭に刻み込むことによって、夢や目標を実現してきたと言うのだ。

また、『非常識な成功法則』（フォレスト出版）の人気経営コンサルタント神田昌典氏も、目標を紙に書いて成功を収めてきた一人だ。神田氏の場合は、「独立二年で、サラリーマン時代の年収一〇倍を実現する」「社屋・住宅を建設する」「ダイレクト・マーケッターとして日本一の地位を築く」という当時は身の程知らずと思われた目標をノートに書いていたところ、ことごとく実現してしまったという。

有名どころ二人の例を紹介したが、夢や目標を「紙に書く」ことを実践している成功者はじつに多い。そこから察するに、頭の中に思い描くだけではダメで、紙という媒体に目で見えるように夢や目標を落とし込むという行為が重要なのだろう。

では、どうして夢や目標を紙に書くと、それが実現する可能性が高まるのだろうか？

まず第一に、夢や目標を忘れないようになるからだろう。人は忘却の動物である。思いついたことも、時間の経過とともに忘れ去ってしまう。また、頭の中で考えることはどんどん変質していく。だから、紙にアウトプットして「初心」を明確にしておくことが大切なのだ。

また、紙に書いて何度も読み返すことによって、夢や目標を潜在意識の中に刷り込むという効果もあるだろう。潜在意識の中に夢や目標が刻み込まれれば、おのずと目標を実現するための行動をとるようになる。

たとえば、「一軒家を持つ」という目標を持ち、それを潜在意識の中に刷り込んでおくと、日頃何気なく読み飛ばしていた長期金利の利下げの新聞記事に目がとまる。

「そうか、長期金利が下がるということは住宅ローンも下がりそうだな」

また、いつもは見ない住宅販売の折り込みチラシが目に入ってくるかもしれない。

「かなり安くなったな。じゃあ、今度物件を見に行ってみるか」

そうやって行動を起こすことになる。腰を上げて物件を見に行けば、もっと日当たりがいいところがいい、駅に近いほうがいい、リビングは一〇畳くらいはほしいなどと、イメージがより具体的になり、次への行動を呼び起こしていく。こうなれば、目標の実現性はかなり高まってくると言っていいだろう。

「それに、夢や目標を紙に書いて常に読み返すことは、思考や行動を合理的にします」と言うのは、さまざまな形態のフードサービスを展開するある経営者だ。彼も、「成功ノート」と名づけた手帳に、夢や目標をびっしりと書き込み、毎日眺めているという。

「夢や目標がつねに頭の片隅にある状態になると、いま自分の行っている行動が目標実現に役に立つかどうかを考えるようになります。その結果、余計な行動を排除し、目標に向かう行動がより多くなっていきます。目標に向かう行動が多くなれば、実現可能性が増すのは当然のことでしょう」

また、別の経営者はこのように言っていた。

「目標達成を目で確認することで、自信がついていきますよ。私は実現した目標には赤いラインを引いているのですが、一本二本と赤いラインが増えていくたびに、『オレはやった！』という達成感に浸ります。そして、やればできるじゃないかと自信がついて、目標実現のために行動することが楽しくなってくる。目標実現のための行動を楽しみにできれば、もう達成したも同然ですよ」

夢や目標を紙に書くだけで、これほどの副次的効果がもたらされるとは。書くことで損することはないのだから、とりあえず何でも書いてみてはどうだろう。

「情報アンテナ」で成功のヒントをキャッチせよ

成功する人は、旺盛な好奇心を持っている。どうやら、これは事実のようだ。多くの成功者が好奇心と探求について言及している。

たとえば、かのアインシュタインは次のように述べている。

「大事なことは疑問を持つのをやめないことだ。好奇心はそれ自体で存在意義がある」

また、ウォルト・ディズニーは次のような言葉を残した。

「ディズニーの成功を支えているもっとも大きな要素は、遊び心と好奇心だ。遊び心とは、笑うことを愛する気持ち、好奇心は人の想像力に刺激されて生まれるものだ」

どちらも、好奇心を重要なものとして捉えている。なぜ、好奇心が重要かと言うと、好奇心は人を成長させる原動力となるからである。成長は、成功と言い換えることも可能だろう。

好奇心を持ってさまざまなことに関心を持つと、アンテナを張るようになる。アンテナを張っていると、欲しいと思っていた情報が次々に引っかかってくる。欲しい情報が手に

入れば、それだけ成功との距離は縮まっていくことだろう。

それに、好奇心は行動を刺激する。どうしても知りたいことがあれば、自分から調べようとするだろう。この行動が重要なのである。行動を起こすことによってその道の専門家と出会えるかもしれない。また、新たな興味の対象に出会うかもしれない。それが可能性を広げ、チャンスに出会える確率を高めるのである。

投資家として成功しているIさんは、「好奇心こそ利益のタネだ」と述べる。

「投資は連想ゲームさ。とくに株式投資は、〝風が吹けば桶屋が儲かる〟式に、ある現象が起こると決まって値上がりする銘柄がある。それをいち早く連想できた者が、もっとも大きな利益を手にすることができるんだ。その連想力を鍛えるには、常日頃からいろいろなことに興味を持って、どうしてそうなるのか調べることが重要なんだ。世の中に好奇心を持っていなくちゃ、投資の世界で成功することはできないね」

連想買いの初歩的な例としては、気象庁が暖冬予想を出すと暖房機器メーカーの株価が下がったり、皇室のご懐妊報道があるとベビー用品メーカーの株価が上がるといったものである。このような連想は誰もが思いつくもので、発表を見聞きしてから株価を見ても、すでに上昇していることが多い。したがって、誰も思いつくことができない連想をできるかどうかがカギとなる。もっとも、その連想が正しくなければ、結果はついてこないのだが……。

いずれにしても、好奇心旺盛で常に情報のアンテナを張っている人のほうが、連想のタネを見つけやすいことはたしかだろう。

そして興味や関心を持ったらそのままにせず、なぜなのか、どういう仕組みなのか、どんな事情があるのか、といったことを、ちょっと行動を起こして調べてみる。これ、成功への近道のようである。

倹約家だけどケチではない——似て非なるその違いとは？

倹約の精神がないとお金持ちにはなれないと言われる。だが、お金持ちは口を揃えて「ケチな人はお金持ちにはなれない」と言う。

倹約とケチ——それは似ているようだが、決定的な違いがあるようだ。倹約とケチの境界線はどこにあるのだろうか？

「倹約とは、ムダなものにはお金を出さないということですよ。しごく当たり前のことで、浪費癖のある人はお金を貯めることはできませんし、ビジネスで成功することも難しいでしょう」

そう言うのは、田園調布に居を構える資産家だ。では、ケチは？

「ケチというのは、倹約家の反対で、必要なものにもお金を出し惜しむ人のことです。倹約家はムダな出費を嫌うだけで、必要な投資は行います。しかし、ケチな人はどんなことにもお金を出すことを嫌がるのです。必要なことにさえお金を出そうとしないのですから、チャンスにめぐり会う確率も低くなる。だから成功したり、リッチになることができる可能性は非常に低いと思いますよ」

また、別のお金持ちは違う角度から倹約家とケチを評している。

「どちらも、お金を出すことに対しては渋チンだと言えますが、倹約家が出すお金は後々に何倍にもなって返ってくる可能性があります。しかし、ケチが出すお金は戻ってくることはありません」

そのココロは？

「たとえば、どうしても英語を勉強しなければいけないとしましょう。倹約家はそれが必要なものであれば、惜しみなくお金を出しますから、レベルの高い英会話学校に入って学ぶでしょう。この場合は、将来学んだ英語が生きて、お金を稼ぐことができるかもしれません。一方、ケチはお金を出すのが大嫌いなので、必要とは言っても授業料の安い低レベルの英会話学校に入るか、独習教材を買って安くあげようとするでしょう。その結果、ろくに英語をしゃべることができず、よって英語を武器にして稼ぐことができません。『安物買いの銭失い』とはよく言ったもので、ことお金持ちになることに関しては、ケチは限りなく可能性ゼロに近いと言わざるをえません」

倹約とケチの違い、おわかりいただけただろうか。

お金を出さないという点では、両者はよく似ている。しかし、倹約家には将来性があるが、ケチにはないのだ。

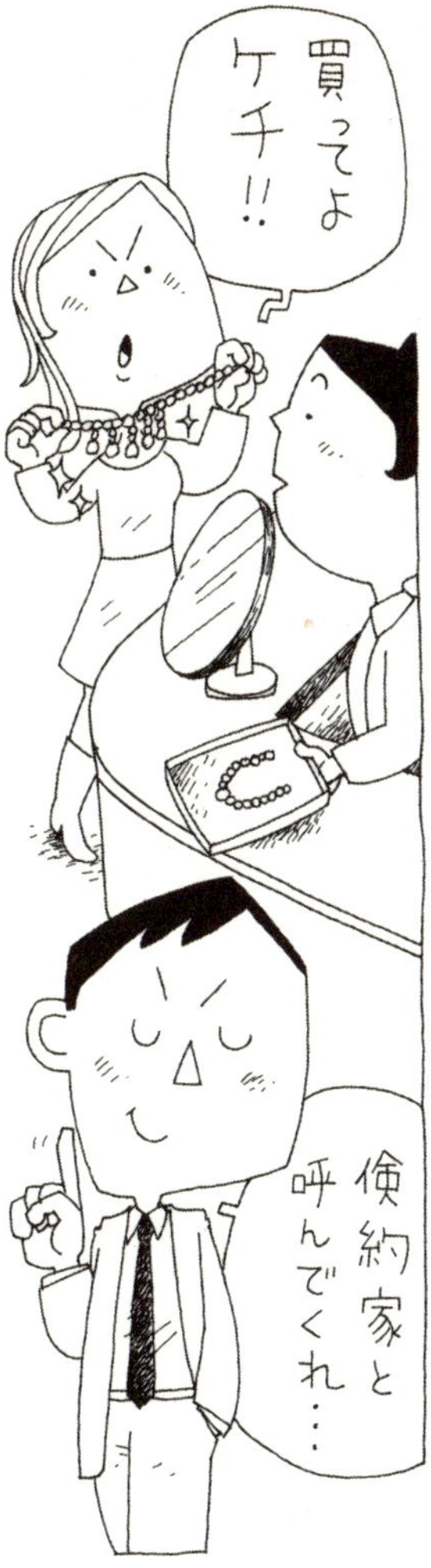

憧れの人物をとことんマネることのメリット

「成功者の考え方を身につけるもっとも簡単な方法は何だと思う?」

また「金持ち講座」塾長のN氏が唐突に質問をしてきた。タメになるんだけど、この質問が苦手だよなあ。

「え、え〜と、何でしょうね。経験かな」

「また、いつもおまえの答えは五〇点だな。スカッと的を射た満点の解答か、大ハズレだけど発想が奇抜。そうじゃないと、成功はおぼつかないぞ」

いつも、これだ。

「すみません。出来の悪い教え子で」

「成功する考え方を身につけるには二つの方法がある。一つは、おまえが言ったように、自分の経験や間違いから学ぶ方法だ。もう一つは、他人の経験や間違いから学ぶ方法だ。前者は自分がするわけだから実になる確率も高いが、まあ痛い思いをするし、ときには大火傷を負うこともある。その点、後者は人の振りを見て学ぶわけだから自分が痛むわけで

はないし、簡単だ。しかも、費用も安くすむ」

「ははあ、となると、お手本となる人を見つけて、そのマネをするというのが有効になりますね」

「その通りだ。理想のモデルケースを見つけて、その人の考え方や行動のパターンを学び、それをマネするのが、もっとも簡単な成功法則を身につける方法だ」

「でも、自分の理想にぴったり合うモデルケースなんて、なかなか見つからないんじゃないですかね」

　おそるおそる聞いてみた。

「そういうこともあるだろうな。だが、モデルケースは一人じゃなきゃいけないという決まりはない。発想力はこの人、行動力はあの人、戦略的思考はその人というように、それぞれのいいところをマネするというのもアリだ」

「じゃあ、そういう人と知り合いになれなければ？」

「必ずしも知り合いである必要はない。著名な経営者をモデルケースに想定して、その人の著書などから学ぶのも一つの方法だ。実際に会って話をするのが理想だが、まあそうも言っていられんだろ」

「ちなみに、塾長にもマネしたモデルケースはいるんですか？」

言ってから、しまったと思った。この人にそんなものがいるわけがない。

「いる」

え？　意外。

「投資をはじめた頃は右も左もわからず、まったく自信もなかった。だから、著名な投資家の本やインタビューなどをむさぼり読んで、その人のマネをしたよ」

「誰ですか？　その投資家は」

「ウォーレン・バフェットだ」

まさか、似ても似つかない気が……。

「じゃあ、僕もバフェットをモデルケースにしようかな」

「図に乗るな。おまえはオレのマネをしていればいい」

お金持ちは、お金を喜ばせるのがうまい

「お金がお金を呼んでくる法則を知っているかい？」

老人は、そう聞いてきた。

「お金は寂しがり屋だから、たくさんあるところに集まってくるというアレですか？」

「そういう法則もあるようだが、ワシが言いたいのはお金の使い方に関してだ。お金が寄ってくる使い方と、寄ってこない使い方があるんだ」

老人はある地方でかなり手広くビジネスを手がけていた経営者である。いまは引退して、息子に事業を譲ったが、彼のもとにはいまだに多くの経営者が助言を求めてやってくる。ある人が言うところによれば、彼は「聖人経営者」なのだそうだ。それほど、まわりから尊敬を集めているということだろう。

「賢くお金を使う人のところにお金は集まってくる」

と老人は言った。

「浪費をせず、本当に必要なものだけを求めるということですか？」

「それも大切だが、もっと大切なのはお金を人のために役立てるということだ。それさえわかっていれば、お金は自然とその人の元に集まってくるんだが」

「人のために役立てるとは、ボランティア団体を設立するとか、寄付をするといったことですか？」

「そういう使い方もあるが、何においても人の役に立つかどうかを考えるんだ。これはビジネスにしても同じことだ。そのビジネスが困っている人の問題を解決したり、社会にとって有益な価値を提供するものであれば、人々は受け入れてくれるし、必ず商売は成功するだろう」

「たしかに、人の役に立つことなら、ビジネスとしても成功しそうですね」

「個人でも同じことだよ。お金持ちになる人は人の役に立てるためにお金を使っている。それが賢いお金の使い方で、そういうお金を使っている人のところに、お金は呼び込まれていくんだ。お金持ちが社会福祉団体や慈善事業に寄付するのも、そういうお金のサイクルがわかっているからだ。自分のことだけしか考えないお金持ちは、そのうちにお金が寄ってこなくなると知っているんだよ」

「そういうものですか。じゃあ、僕もお金持ちになったら寄付しますよ」

そう言った瞬間に、老人の顔が曇るのがわかった。

「そうじゃない。お金があったらとかなかったらという問題じゃないんだ。お金持ちになる人は、お金がないときから人のためにお金を使っているよ」

そう言われて、ハッとした。これはお金に対する姿勢の問題なのだ。お金があるなしにかかわらず、どういう態度でお金と接するかという自分自身の心の持ち方を問われていることに気がついた。気がついたと同時に、顔が真っ赤になった。

「べつに若いうちから寄付をしなければいけないと言っているわけじゃない。人の役に立つことや人が喜ぶことには気持ちよくお金を使いなさいということさ。たとえば、人にプレゼントをするときにはケチっちゃいけない。相手が気持ちよく喜んで受けとれるものにお金を投じるべきだ。また、友達に食事をおごるとき、予想より高くついても『友達が喜んでくれてよかった』と思うことだ。『こんなに使っちゃって損した』などと考えていては、お金は寄ってこないよ」

その言葉を聞きながら、彼が「聖人経営者」と言われるゆえんが、ほんのちょっとわかったような気がした。

成功を後押しする言葉の魔力

失敗から見事にはい上がり、再び輝きを取り戻す人がいる。取引先の夜逃げから会社の経営不振に陥ったHさんは、まさにそういう一人である。

「経営不振になったときは、本当に地獄だったよ。夜逃げした会社とはかなりの取引をしていたからね、ここからの入金が飛んでしまうと、いっぺんに資金繰りが厳しくなった。従業員の給料は払わなくちゃならないし、仕入れ先へもお金を入れなきゃならん。手形も不渡りにならんようにしなきゃいけない。毎日金策に走り回っていて、ストレスで体重が一カ月で一〇キロも落ちたな」

とHさんは遠くを見ながら言う。

このとき、Hさんが何よりつらかったのは、お金に困窮したことよりも、人間関係が滅茶苦茶になったことだという。給料の遅配が続いたので会社を離れる従業員が出てきたのは仕方のないことだとしても、親しくつきあっていた人や取引先が次々とHさんに背を向けたことにショックを受けたのだ。

「固い信頼関係で結ばれていると信じていたからね。別人のように態度が豹変していくのを見て、それはもう言葉にできないくらい悲しかったね」

それでも、Hさんは必死になってがんばり、危機を乗り切った。そこから会社は再び上昇気流に乗り、Hさんは豊かな暮らしをするようになった。

「でもね、オレは痛い目を見てよかったと思っている。いろいろ気づかされたし、考えたからね。たとえば、人が次々に離れていったとき、はじめは恨んだけれど、後でふと思い返したんだ。オレは、辞めていった従業員にねぎらいの言葉一つかけたことがあっただろうか。そっぽを向くようになった取引先に感謝の言葉を口にしたことがあっただろうか。少し金があるからといって、親しい友人に偉そうな態度をとっていなかっただろうか……ってね。考えれば考えるほど、それまでのオレはイヤなヤツだった。これじゃあ、人が離れていくのも仕方がないなと思ったんだ」

そんなHさんに転機が訪れた。取引先の社長が援助を申し出てくれたのだ。

「あんたが必死にがんばっている姿をずっと見させてもらったよ。支払いが遅れることもあったけど、あんたは逃げもせず、事前に頭を下げにやってきた。苦しかっただろうが、その様子を見て協力しようという気になったんだ」

その言葉に、Hさんは涙を流したという。

「資金援助してくれるということももちろんうれしかったけど、それ以上にがんばっているのをほめられたことが無性にうれしかったんだ。ああ、見てくれている人がいるんだってね」

以来、Hさんはつきあいのある人には必ず声をかけるようになったという。その人のいいところを探し、それを正直にほめるのである。

Hさんが声をかけるのは、地位のある人に限ったことではない。会社に出入りしている若い営業マンにも声をかける。

「君は元気で気持ちがいいね。こっちまで楽しくなるよ」

そう言うと、若い営業マンは顔を赤らめ、うれしそうに「ありがとうございます」と大きな声で返事をする。

「気がついたよ。人のいいところを探してほめると、相手は喜ぶだろ。そうすると、こっちもうれしくなるんだ。なんかさ、ハッピーな気分になるんだよ」

Hさんは危機的状況に陥ったことで、それまでの自分の態度を反省し、改めた。そうして他人にほめ言葉を使うようになってから、人が集まりはじめ、会社は再び力をつけていった。つまり、人を幸せな気持ちにする言葉を使うことによって、状況が好転していったわけである。

Hさんのように「言葉のパワー」を指摘する成功者は多い。ある成功者は、「いい言葉、人を気持ちよくさせる言葉を使う人ほど、チャンスにめぐり会う確率も高いものだ」と述べている。

考えてみれば、それはどんな世界、どんな組織にも当てはまることかもしれない。人の悪口や愚痴ばかりこぼす人にチャンスを与えようという人はあまりいない。しかし、人をハッピーにする人には、何かをしてあげたくなる。

成功の階段を昇るためには、そんな言葉の魔力に気づくことも大切なのだ。

「信じすぎず、疑いすぎない」さじ加減を身につけよう

「人の言うことを盲信してしまうような人は、危ない儲け話にコロリと騙《だま》されてしまうが、逆に疑り深い人というのもなかなか成功することはできないな」

投資コンサルタントのW氏はそのように述べる。信じやすい人は騙されるが、疑り深い人はチャンスの扉を開けられないというのだ。信じてもダメ、疑ってもダメ、ではいったいどうすればいい？

「重要なのは、信じるか疑うかではなくて、まずオープンに話を聞くことだね」とW氏は言う。オープンに話を聞くとは、どういうことか？

W氏によれば、話を中立的な立場で受け入れることだという。信じるか信じないかは、話を聞いてから、他の情報と合わせて総合的に判断してからでも遅くはない。まずは、色眼鏡をかけないで、素直に聞くことが重要だというのだ。

「たとえば、不動産価格が下落しているときに、いい不動産投資がありますよと言っても、ほとんどの人は耳を貸さない。しかし、チャンスをつかむ人は、そこで一応話だけでも聞

いてみようと耳を傾ける。話を頭から否定しないで、真剣に聞くんです。

それが本当においしい話か、それとも危ない話かは後で考えればいい。とりあえずは、話をまっさらな気持ちで聞いてみることだね。そういう態度で情報に接していると、いろいろな情報が集まってきます。もちろん、いい情報もあれば、クズ情報もありますから、吟味はしっかりしなければなりませんが、情報をはじめから遮断しているよりはチャンスにめぐり会える確率はずっと高くなります」

さらに、W氏は「これは本当にいい話かもしれないと思ったら、思い切って飛び込んでみることも重要」だと述べる。

行動を起こさないのは、何も動いていないのと一緒だ。チャンスがチャンスでいる期間はそう長くはない。だからこそ、タイミングが大事なのだ。

サブプライムローン問題による米リーマンブラザーズの破綻に端を発する世界的金融危機で、東京市場の株価もバブル後最安値を更新するほど急落した。このマイナスの状況を逆にチャンスと捉えることができた人がどれくらいいるか。「ここまで下がったいまこそ、個人投資家が株を仕込む絶好のチャンス」と述べる評論家や専門家はたくさんいたが、その話をオープンな気持ちで聞くことができた人が、どれほどいたのか。実際に投資するかどうかは別にして、その意識の持ち方で明暗がくっきり分かれてくる。

疑心暗鬼な気持ちより、フラットな気持ちで情報に接すること。成功する人は、そういう思考習慣を身につけているのだ。

自分の夢を叶えたい人ほど、他人の夢に協力するワケ

「本当に成功したいと願うなら、自分の夢の実現ばかりを考えていたらダメだぞ」

「金持ち養成講座」塾長のN氏が、またいつものように語り出す。

「自分の夢の実現を考えないでどうするんですか？」

「他人の夢の実現に協力するんだ」

とN氏は言う。

「自分の夢もまだ実現していないのに、人の夢の実現に力を貸すんですか？　そんな悠長なことをしていていいんですかね？」

「だから、おまえはアホだと言うんだ。人を幸せにすること――そこに成功の秘訣があるんだ」

また、出たよ。だが、N氏の説明はもっともなことだった。

成功の階段を昇るのは、一人では決してできない。さまざまな人の協力があって、はじめて成し遂げられるものである。

たとえば、奥さん。成功の前には必ず雌伏しなければならない期間がある。そこでは、厳しい現実を目の当たりにしなければならないときもあるだろう。そのときに、奥さんが支えてくれたのではなかったか。奥さんや家族が、お金がなくても文句も言わず我慢してくれたり、落ち込んでいるときに優しい言葉をかけてくれることで、どれほど助かってきたか……。

このように、自分では気づかないうちに、人は他の人から夢の実現のための協力を受け

ているのである。

「そのことに気がついた人は、自ら他人の夢の実現のために骨を折ろうとするんだ。人の幸せ獲得の手伝いをすれば、その人から感謝される。そういう人はこちらの夢実現のためにも力を貸してくれるはずだ。だが、人のことなどおかまいもせず、自分の成功だけに汲々としている人には誰も手を貸してくれない。手を貸してくれる人がいなければ、成功なんて夢のまた夢だ」

そういうことか。人は協力し合って物事を成し遂げていく。その当たり前のことに気づくか気づかないか、それが成功に大きく関わってくるというわけか。

「それに、人がどんな夢を持っているか、どういうことをされると幸せを感じるかを知ることは、成功するビジネスのネタを探すことでもある。多くの人に幸せを与えることができれば、みんなから喜ばれ、その対価としてより多くのお金をもらえるだろう」

たしかに、人をハッピーにするサービスや商品の提供は、儲かるビジネスの基本だ。

「でも、どんなことをすればいいんですかねえ？　人の夢の実現への協力って」

「相手の夢を真剣に聞いてやるだけでもいい。頭から否定したり、馬鹿にしたりせず、親身になって聞く。できることなら、役に立つアドバイスを二、三してあげるとなおいい。面白そうに興味を持って聞いてもらえるだけでも、相手はうれしくなって、『よし、やってやろう』という気になる。それだけでも十分なんだ」

たったこれだけのことで、相手もハッピー、自分もハッピーになるのだったら、やらない手はないだろう。

PART4

貯金はしないほうがいい？

大富豪ほど、こんな「お金の使い方＆投資」をしている！

これからは「稼ぐ」だけでなく「殖やす」！

お金持ちになるには、言うまでもなくお金をたくさん得なければならない。

お金を得るには、二つの方法がある。一つはお金を「稼ぐ」、もう一つはお金を「殖やす」である。

お金を稼ぐのは、会社などで働いて、その労働対価として報酬を受け取るということだ。お金を稼ぐ方法でお金持ちになるには、会社で実績をあげて出世し役員になるか、自ら起業して会社を大きく成長させていく、あるいは株式上場によって創業者利益を得るということになる。

社内で出世を目指すか、それとも独立して起業するか、それはそれぞれの人の考え方やどんな夢を持っているかにかかっている。大きな企業でグローバルなビジネスの陣頭指揮を執ってみたい、たくさんの人を動かしてみたいという願望を持つ人もいるだろうし、自分がこれだと思うビジネスで一発当てたいという人もいるだろう。自らの願望をよく見すえて、選択すればいい。

しかし、出世して役員に昇るのも、起業して自分のビジネスを成功させるのも、そう簡単なことではない。どちらもビジネスにおける才覚や嗅覚、そして運が必要で、誰もが成功できるとは限らない。また、出世競争や起業には魅力を感じないという人もいるだろうし、ビジネスで頭角を現すための才能に限界を感じている人もいるだろう。

そこで、お金を殖やしてお金持ちになる道がクローズアップされてくる。つまり、株式や債券、不動産などに投資してお金を得ることだ。

いまのご時世、給料は毎年コンスタントに上がるわけではないし、年金もどうなるか不透明。老後はお金の心配をせず、のんびりと暮らしていきたいなら、やはりお金を殖やす投資は避けて通れない。

『金持ち父さん貧乏父さん』（ロバート・キヨサキ著／筑摩書房）がベストセラーになったおかげで、日本でもお金にお金を稼がせるという意識が浸透しはじめ、バブル景気を経験したことで個人投資家も増え、投資に関する本も山のように出ている。投資は、いまや人々の関心をもっとも強く引くジャンルの一つとなっているのだ。

投資は、長期的にじっくりとお金を殖やしていくのが基本である。だから、できることなら早い段階からはじめておきたい。運用期間が長ければ、それだけ高いリターンを期待できるからだ。

では、投資をする人としない人ではどれくらい差がつくのか。その一例をご紹介しよう。

Aさんは、毎月三万円を銀行の普通預金に貯蓄した。話をわかりやすくする便宜上、ほぼゼロ金利として利息はないものとする。Bさんは、毎月三万円を積み立て、それを年利五パーセントで運用した。すると、三〇年後にはどうなるか。

Aさんの場合はわかりやすい。〈三万円×一二カ月×三〇年＝一〇八〇万円〉。一〇八〇万円の資産である。

年利五パーセントで運用するBさんの場合はどうか。年利五パーセントのファンドで積立運用すると、一〇年後には四六八万円、二〇年後には一二三八万円、三〇年後にはなんと二五〇七万円にまで殖える計算になる。Aさんの倍以上の資産を持つことができるわけだ。

これは、Aさんが毎月三万円ずつしか殖えていかないのに対して、Bさんは複利運用（利息を元本に組み入れて運用すること）したことによって、雪だるま式に運用益が上がっていったためである。「お金を殖やす＝投資」するのとしないのでは、これほど差が出るということをおわかりいただきたい。

もちろん、これは毎年確実に五パーセントで運用できるという前提があればこそである。投資を行えば、殖えるどころか、目減りさせてしまうリスクもある。ヘタを打って、全財産を失ってしまったという例も枚挙にいとまがない。だからこそ、お金持ちは慎重にリスクと向き合いながら投資を行っているのである。

それでは、お金持ちはどのように資産運用を行い、何に気をつけ、収益とリスクのバランスをどのようにとっているのか。その一端を見ていくことにしよう。

資産運用の前に、これだけはやっておく

資産運用をはじめるには、まず投資資金を捻出し、学んだ投資手法や考え方に基づいて投資行動を行うことになる。

だが、多くの投資本や資産運用本では、それよりも前にやらなければいけないことがあると述べられている。それは、

「最低二～三年は無収入でも暮らしていける生活資金を確保すること」

である。

はじめの「最低二～三年」という部分は、「一～二年」であったり、「少なくとも三年」

であったり、多少の違いはあるが、いずれにしてもしばらくの間収入がなくても暮らしていけるだけの資金を持つことが大切だということに変わりはない。

これも一つのリスク管理である。未来には何があるかわからない。勤めている会社が倒産して失職するかもしれない。大病を患い、仕事を辞めざるをえなくなるかもしれない。あるいは、このご時世であるからリストラの対象とならないとも限らない。そういう状況に陥ったときに、当面の生活の心配をしなくてすむように、二～三年暮らせる生活資金を投資資金とは別に準備しておく必要があるのだ。

では、一年分の生活資金とはどれくらいの金額をさすのか？　注意してほしいのは年収に見合う分というわけではないことだ。もちろん、年収分を積んでおけるならそれに越したことはないが、一般的に言って一年間の生活資金とは年間の総支出額ということになる。毎月の食費・住居費・光熱費・交通費・レジャー費用などが三〇万円かかっている家庭なら、年間の生活資金は〈三〇万円×一二カ月〉で三六〇万円ということになる。二年分なら七二〇万円、三年分なら一〇八〇万円ということになる。

「くれぐれも投資は余裕資金で行ってください。余裕資金とは生活資金を除いた資金ということです。一〇〇〇万円の銀行預金がある人が、一〇〇〇万円の貯蓄をすべて投資につぎこんでしまうのは、非常に危険な行為です」

投資コンサルタントのK氏はそう述べる。

「これは投資を行ううえで、基本中の基本です。それすらもできないようなら、投資を行うべきではありません。大怪我をするのは目に見えていますから」

何事もそうだが、基本は大事にしたいものである。

投資資金に回せる、最もムダな生活コストはこれだ！

投資資金をつくるにも、当面の生活資金を確保するにも、ある程度のお金を貯めなくてはならない。会社の業績がよくてかなりのボーナスが支給されたなら、それを投資資金に回すこともできるが、世界的な金融危機で業績悪化の連鎖が続く現在の状況で、羽振りのいい企業はそうはないだろう。となると、自分でコツコツと貯めていくしかない。

「ぼくは、宅配便のセールスドライバーをやって一年間で二〇〇万円を貯めました。そのお金で投資をはじめて、現在は運用一本で食べています」

そう言うR君のような人も多い。ワタミの創業者である渡邉美樹氏も、宅配便のセールスドライバーで事業資金をつくったとその著書（『きみはなぜ働くか。』日本経済新聞出版社）の中で述べている。宅配便のセールスドライバーは給料のわりがいいことで知られ、短期間にまとまった金額を稼ぎたい人が集まってくるようだ。ただし、その分ハードワークであることは覚悟しておかなければならない。

すでに会社勤めをしている人は、給料をやりくりして、その中から投資資金を貯めていくことになるだろう。

普通のサラリーマンでありながら、三年間で三〇〇万円の投資資金をつくったMさんは、がんばればまとまった金額を貯めるのはそれほど難しくはないと言う。

「私はきわめて普通のサラリーマンで、給与も平均並みですが、年間一〇〇万円は余裕資金を貯めることができました。もちろん、そのためにはムダを徹底的にはぶかなければなりません」

徹底的にムダをはぶくためにMさんが行ったのは、家庭の支出を一覧表にして「見える化」したことだ。

「何にどれくらい使っているか、一覧にしてみると、削るべきところ、節約できるところが見てきます。たとえば、うちの毎月の出費の最大のものは住宅ローンですが、借り換えによって条件が有利にならないかどうか、かなりこまめにチェックしています。また保険の見直しもしました。本当に必要なものかどうかを吟味して、解約したものもあります」

そうやって家計を見ていくと、かなりムダな部分を見つけていくことができる。毎月の飲み代、奥さんの洋服代、雑誌や書籍の購入費用などなど、それが本当に必要なものかどうか一度チェックしてみることをお勧めする。

「もっともコストカットできる要因は、なんと言ってもクルマですね。クルマはかなりの金食い虫です。本当にクルマが必要なのかどうか家族でよく考えてみるといいと思います。うちでは、半年間、クルマの利用頻度、走行距離、維持費、ガソリン代などを調べて、レンタカーを借りた場合と比較してみた結果、レンタカーを借りたほうがはるかに安いことがわかったので思い切ってクルマを手放しました。エコに貢献することにもなりますし、

この選択は妥当だったと思っています」とMさん。

ガソリン価格の高騰もあり、クルマにかかる費用は馬鹿にならない。クルマを持たない選択をするだけで、家計にかかるコストをかなりカットできることはたしかだろう。

しかし、毎日の子どもの送り迎えにクルマを使っていたり、駅や商業施設から距離があり、クルマを利用しなければ不便さが増すなど、それぞれの家庭によって事情が異なる。また、クルマを文化として捉えている人もいるだろうし、クルマで自由に移動することに価値を見出している人もいることだろう。そうした点を考慮すると、クルマを一概にムダなものだと決めつけることはできないが、少なくとも必要であるかどうかを考えてみることは、決してムダなことではないはずだ。

いかにして、お金を殖やすべきか？

さて、ある程度の投資資金が準備できたら、実際に投資行動を起こす段階である。貯めた資金を値上がりが期待できる利回りのよい商品に投資して殖やしていくわけである。

ところで、資産運用の専門家はよく「レバレッジをかける」という表現を使う。また、「レバレッジ○○」といったタイトルの書籍も見かける。レバレッジとはいったい何のことだろうか？

レバレッジとは本来「てこ」という意味で、「他人の資本を使うことで、自己資本の利益率を高めること」と定義される。そこから派生して、信用取引など、少ない元手で多額の資金を運用できるようにする仕組みをさす。現在では「より少ない資金（努力）で、最大のリターン（効果）をあげる」という意味で用いられることも多い。

お金持ちは、てこを利用して自分の資産を運用しているので、うまくいけば倍々ゲームのように殖えていく。しかし、これから資産運用をはじめようとする人は、最初はレバレッジなどかけず、地道に資産運用していったほうがいい。生兵法は怪我の素である。

さて、投資の対象にはどのようなものがあるのだろうか。おもに、次のようなものがある。

・株式投資
・投資信託
・個人向け国債
・外貨預金

・外国為替証拠金取引（FX）
・不動産投資
・金投資

まったく投資や資産運用という気はしないが、普通預金や定期預金も雀の涙とはいえ利子がつくので運用手段の一つと考えられる。また、絵画や骨董品などの美術品やアンティーク家具、ヴィンテージ・ワインなどもオークション等で売買され価格が変動するので、投資の対象となる。

資産家やお金持ちは、これらを組み合わせ、リスクを分散しながら、もっとも有利な組み合わせで運用しているのだ。

プロのアドバイスを信用してはいけない!?

はじめて投資をするときには、右も左もわからない。株式投資をはじめようと思っても、どんな銘柄を選んでいいかわからないし、テクニカル分析（株価などのチャートをもとに

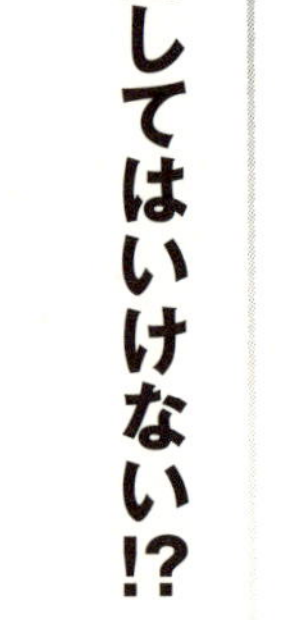

分析・判断する方法）やファンダメンタル分析（財務状況などから分析・判断する方法）の知識も付け焼き刃では、何をどう読んでいいのか迷ってしまう。

そんなとき、頼りになるのが投資雑誌だ。個人投資家が増え、資産運用に関心が高まっている昨今、書店に行けば必ず投資関連の雑誌や書籍が並んだコーナーが設けられている。それだけニーズが高いということである。

投資雑誌には名の知れたトレーダーや評論家、アナリスト、証券会社のアドバイザーなどが特集記事やインタビュー記事で、いまはどの銘柄が狙いめか教えてくれる。投資のプロが言うのだから、彼らが推奨する銘柄を買うのがいちばん確実だろう。そう思っている人も多いはず。しかし、

「ちょっと待った！」

という意見を述べる人もいる。投資関連の著作を何冊も出している投資アドバイザーのO氏だ。彼は、「専門家の話を鵜呑みにするのは危険きわまりない」と警鐘を鳴らしている。

「考えてみてください。サブプライム問題で各国の金融機関が揺れはじめたときに、日経平均株価がバブル後最安値を更新するほど急落するなどと言った専門家は皆無でした。つまり、プロでさえ相場の先行きは読めないということです。ですから、いかに人気のある専門家といえども、その言葉を盲信してしまうのは危ないと言わざるをえません」

投資雑誌や経済新聞の新年号は、専門家がその年の株価や為替相場の予測をするのが恒例になっている。専門的知識を駆使し、過去の相場の動きを分析しながら語られる予測は、素人にはケチのつけようがない。「なるほど、トレンドはそうなっているのか。それならば……」と今年の投資戦略に思いをめぐらす。

だが、後からその予測の精度を調べてみると、よく見積もっても的中率は半分にも満たない程度だという。的中率が半分というのは、子どもの頃によくやった片方の靴を空中高く蹴り上げ、表だったら明日は晴れ、裏だったら雨というのとほとんど変わらない。

どのような情報を重視するかは投資家それぞれの判断だが、専門家の信頼度というのはこんなものだということを知っておくのは重要なことだ。

また、資産運用をはじめると、投資のプロフェッショナル、運用アドバイザーなどと称する人たちと接する機会も多くなる。たとえば、証券会社の営業マン。株式のプロフェッショナルだからと、彼らが推奨する銘柄を買う人がいるが、O氏に言わせれば、「それは無謀だ」ということになる。

「彼らは株式のプロではなく、株や投資信託などの金融商品を売るプロ。手数料を稼ぐために頻繁に売り買いを指示しますし、そもそも推奨する銘柄は会社の事情によって決められます。決して個人投資家のほうを向いているわけではないですから、ご注意を」

最近では、銀行も個人投資家の資産運用に積極的に力を入れはじめ、投資相談窓口などを設けてアドバイス業務を行っている。これについてもO氏は疑問を投げかける。

「まず、銀行が販売する金融商品は手数料が高い。高い利回りを上げなければ、利益を得られないのが個人投資家にとっては難点です。それに、彼らが本当に個人投資家のために商品選択をしているかというと、どうも……」

ある経済雑誌の覆面座談会で、証券や銀行の金融商品販売担当者が驚くべき発言をしている。「販売手数料の高い順に商品を薦めている」というのである。要するに、顧客の利益よりも自分たちの営業成績のほうが優先順位が上というわけである。もし、これが本当なら、虎の子の資産を安心してまかせるわけにはいかない。どうやら、営業担当者の言葉を真に受けないほうがよさそうだ。

では、最近よく聞くファイナンシャルプランナーはどうだろうか。金融機関勤務の経験がある投資コンサルタントは、「ファイナンシャルプランナーは玉石混交」だという。

本来、ファイナンシャルプランナーは、将来的なマネー計画を立てるプロで、投資のプロではない。さらに、証券会社や銀行、保険会社のファイナンシャルプランナーは、当然のことながら自社の商品を優先して薦める。では、独立系のファイナンシャルプランナーはどうかというと、独立系とは言いながら特定の金融機関と密接な関係にある者も多く、その場合は金融機関系ファイナンシャルプランナーとたいした違いはない。顧客の立場に立って客観的なアドバイスができるファイナンシャルプランナーがもっとも信頼が置けるが、その中で適切なライフプランを作成し、投資のアドバイスまで行えるほどの知識と経験を持ったファイナンシャルプランナーは本当に数えるほどだというのだ。

さて、結論を述べると、投資のプロフェッショナルや資産運用の専門家の話は、頭から鵜呑みにしないほうがよさそうである。

しかし、彼らは専門的な知識と経験、そして情報を持っている。それは個人投資家にとっても、決してムダなものではない。専門家が提供する予測や分析を参考情報として受け入れつつ、最終的な投資判断は自分が行わなければいけないということだろう。そのためには、資産運用について勉強し、自分の投資基準を確立していくことが大切だ。

長期か短期か？　自分に合った投資スタイルを探せ！

資産運用や投資について関心のある人間なら、「デイトレーダー」はご存じであるに違いない。デイトレーダーとは文字通り、午前九時から午後三時という市場が開いている時間内で取引を完結する投資手法を駆使する投資家である。パソコンのモニターとにらめっこをしながら、買った銘柄の値が少し上がると売却して利益を確定し、下がれば早めに損切りして次を狙う。わずか数円、数十銭の値動きに神経をとがらし、他人よりも早く瞬発力で利ざやを稼ぐのである。

日本でこのデイトレーダーが一般的になったのは、証券会社の手数料が自由化され、ネット証券取引が広まっていった二〇〇三年頃だと言われる。カリスマトレーダーも現れ、普通の大学生が三億円稼いだだの、主婦がセレブに大変身しただの、デイトレードの成功体験をつづった本もたくさん出版された。

きわめつけは、二〇〇五年にみずほ証券によるジェイコム株大量誤発注事件で二〇億円以上を稼いだデイトレーダー氏であろう。マスコミに大々的に取り上げられ、『ガイアの夜明け』（テレビ東京）にまで出演している。

こうした成功事例を見せつけられては、デイトレードで一攫千金を目指したいと思うのが人情だが、本当にデイトレードは簡単に利益をあげることができるのか？

残念ながら、そんなに簡単なことではないようである。米カリフォルニア大学の調査によると、株式投資を行っている六万世帯を調査したところ、頻繁に売り買いを行っているグループがもっとも運用成績が悪いという結果が出ている。また、デイトレーダーの七割がすべての資産を失い、利益をあげることができたのはわずか五パーセントだったという調査結果もある。それほどデイトレードは難しいということである。資産運用の初心者が、そのような難しい取引に参加するのは無謀というものだろう。

「二〇世紀最高の投資家」と呼ばれるウォーレン・バフェットは、米『フォーブス』誌の長者番付上位の常連で、一〇〇〇万円からはじめた投資で四兆円以上の資産を築いたと言われる。

バフェットの投資手法はデイトレードと対極をなすもので、自分がよく知っている業界であること、よい経営陣がいること、そして独自に計算した企業の本来的価値より現在の株価が大幅に割安だと判断したときに集中的に購入し、長期的に、ときには二〇年以上にわたって保有するというスタイルである。

彼は、米国市場がＩＴバブルに沸き返っているときにも、「ＩＴ産業についてはよく知らないから」という理由でハイテク企業の株を買わなかった。それにもかかわらず、ハイテク企業が多数上場するナスダック市場の成長率を上回る利回りを出したというのだから、まさにカリスマと呼ぶにふさわしい投資家と言えよう。

もっとも、一般の個人投資家が二〇年以上も長期保有できるかどうかは疑問だが、企業の本来価値を見きわめて割安だと判断したら、中長期的に値上がりを待つという投資スタンスは参考にできる部分が多いのではないだろうか。

「最終的にどのような取引スタイルを選択するかは投資家一人ひとりの考え方次第だが、少なくとも投資に慣れるまでは、中長期的にコツコツと稼ぐスタイルで知識と経験を積み上げていったほうがいい」

というのは、投資歴三〇年を超えるベテラン個人投資家のアドバイスである。

あまり欲をかいて、短期間で資産を殖やそうとしてもろくなことはない。水泳初心者がいきなりプールに飛び込んでもすぐには泳げないように、徐々に水に慣れていき、正しい泳ぎ方のフォームを身につけていくのがよさそうである。

お金持ちほど〝危ない橋〟は渡らない

ウォーレン・バフェットが信条としているように、「知らない企業には投資しない」ことをルールとして課している投資家は少なくない。

「そういう投資家のパフォーマンスは悪くないと思いますよ」と経済評論家のＹ氏は言う。

だが、これが案外難しいようだ。

「いやあ、少しでも高いリターンを狙っちゃうんですよね。そうすると、どうしても値動きの激しい銘柄に目がいってしまう。Ｙａｈｏｏ！ファイナンスなどで値上がり率ランキングの上位をピックアップしてしまうんです。そこに入っている企業の八割方は見たことも聞いたこともない企業なんですが……」

投資歴三カ月のヒヨッコ投資家であるＫさんは自分の体験からそう語る。しかし、結局のところ、よく知らない銘柄を買ったときは負けることが多いという。

「やっぱり、きちんと何をやっている企業か調べて、業績なども分析したうえで銘柄を決めないとダメみたいですね」

もちろん、その通りです。

あらゆる金融商品についても同じことが言えると、Y氏は言う。

「その中身を自分で十分に説明できないようなものに投資するのは非常に危険です。言葉は悪いですが、ぼったくられる可能性が非常に高くなる」

最近登場する金融商品の中には、デリバティブなどの高度な金融工学を利用した商品が少なくない。そうした商品は、中身がどうなっているのか非常にわかりづらい。

「いい例がサブプライムローンをファンドにした商品です。非常に高度なデリバティブが使われていて、プロでさえそのリスクを正確に推し量ることができなかった。だから、世界中の金融機関が膨大な損失を抱えることになった」（Y氏）

個人投資家向け金融商品にも複雑なものがたくさんある。その中には、実質的に投資金額の数パーセントから十数パーセントを負担させられるようなものもあり、投資家と証券会社や銀行の間でトラブルが頻発するものもあるという。

素人目にはそれほど高いコストを支払わされるとはまったくわからず、売るほうも十分な説明を行わないためにトラブルになるのである。だからこそ、中身のわからないもの、自分自身で内容を十分に説明できないものには手を出してはいけないのだ。

冷静になって考えてみれば、わからない金融商品を買わなくてもこちらが損することはない。むしろ、トラブルになるような金融商品をつかまされ、損失を抱えることがないだけ得したとも言える。

「もし仮に、わからない商品を買って儲かってしまったとしても、それは知識にもなりませんし、投資のノウハウを磨くことにはなりません。なぜ上がったか、どうして利益を生み出したのかが理解できないからです。そんな経験をしてしまうと、自分で勉強するよりも、複雑な金融商品を買ったほうがラクだという思いが刷り込まれてしまいます。そうなると、一度は勝っても、後に大損失を被ることになりかねません」

Y氏の警告はしっかりと胸に刻みつけておいたほうがいいようだ。

投資リスクを回避するための、あの手この手

投資にリスクはつきものであることは、初心者でも知っていることだ。経済学で用いられるリスクとは「不確実性による危険」のことである。要するに、買ったものが上がるか下がるか確実に予測することはできないので、損失が生じるかもしれないということだ。

リスクに対応するために勧められているのが、「分散投資」という手法である。分散投資を行えば、リスクの軽減が期待できるのである。

株式投資の格言に「一つの籠に卵を盛るな」というものがある。一つの籠にすべての卵を詰め込むと、何かにつまずいて転んだら全部の卵が潰れてしまう可能性がある。だから、卵を運ぶときはいくつかの籠に分けて運べというのである。分けて運べば、たとえ一つの籠が転んで全壊したとしても、残りの籠の卵は無事である。

このように、投資を行うときも、一つの金融商品や銘柄に資産を集中せずに、いくつかに分散する——それが分散投資である。

いくつに分散するか、また分散する対象を何にするかについては、さまざまな方法論があるが、基本的な考え方は、同じような動きをしない複数の銘柄（投資対象）に資金を分散するということである。「同じような動きをしない」というのがミソで、ある現象が起きたときに、選択した複数の銘柄が同じように値を下げてしまってはリスクを軽減することにならない。分散投資の目的は、選択した一つの銘柄の値が下がっても、他の銘柄は下がらない（あるいは逆に上がる）ことで、運用資産を減らすリスクを抑えることなのである。

分散投資で、もっともわかりやすいのが「資産三分割法」だ。これは、資産を現金、株式、不動産・あるいは金融商品の三つに分け、運用するというものだ。たとえ株価が下がっても、不動産価格が上昇していれば、その損失を穴埋め、あるいは最小限に食い止めることができる。また、現金だけで保有しているよりも、資産が増える可能性も高い。

どれくらいの資産をどの投資対象に振り分けるかは、それぞれの人によって異なるだろう。多少リスクをとってでも、大きなリターンを得たいという人は株式への投資の比重が高くなるだろうし、老後の資金を長期的にローリスクで運用したいという人は投資信託などの金融商品に重きを置くことになるかもしれない。

また、年齢によっても変わってくる。どの程度の資産を運用に回していいかを示す指標として、一〇〇から年齢を引いた割合という説がある。三〇歳ならば〈一〇〇－三〇＝七〇〉で資産の七〇パーセント、八〇歳なら〈一〇〇－八〇〉だから二〇パーセントという具合である。三〇歳ならまだ若く、将来も十分な収入が見込めるので多少リスクをとって大きく殖やすことを考えてもいい。だが、八〇歳では損失を出した場合に取り戻す時間が限られてしまうので、リスクをとる部分を小さくし、定期預金などのリスクの低いものの比重を大きくしたほうがいいと言うわけだ。これには異論もあるのだが、実際に資産運用の中身を考えるうえでの参考にしていただければと思う。

分散投資は、投資対象を株式、不動産、外貨取引、投資信託と異なる種類のものに振り分けるだけではなく、株式投資を行うなら、その中でも分散投資をしてリスクの軽減をはかるのが普通だ。ここでも基本は同じ。値動きの異なるものを組み合わせるのである。

問題はどれくらいの銘柄に分散するかだが、理想を言えば多ければ多いほどいいらしい。しかし、二〇銘柄を超えて分散投資を行っても、さほど効果は変わらないという研究成果もあるので、多くとも二〇銘柄までというところか。しかし、投資初心者にとって一〇銘柄も二〇銘柄も管理するのは大変なことである。銘柄を取り違えるようなミスも多くなるだろう。

そのため、経済評論家のY氏は、「初心者の人は異業種の三銘柄くらいからはじめてはどうでしょうか」と言っている。

たとえば、日本を代表する輸出産業の雄としてトヨタを選ぶとすると、次は内需関連株として金融の三菱ＵＦＪフィナンシャル・グループを選び、三つめはどちらでもない銘柄としてエンターテインメントのホリプロにするといった具合である。こうして三銘柄を管理できるようになったら、また異なる種類の銘柄を組み入れていき、徐々に銘柄数を増やしていくのである。

ここで重要なのは、一銘柄ごとの勝ち負けに一喜一憂するのではなく、保有する銘柄全体のパフォーマンスを見るということである。ある銘柄では下げても、別の銘柄がそれ以上に上がってトータルではプラスになっている。それこそ分散投資を行う意義であり、目的なのである。

あえていま「土地で儲ける」という選択

かつて日本では「土地は必ず値上がりする」という土地神話が信じられていた。とくに、一九八〇年代後半から九〇年代前半のバブル景気の時代には地価が高騰し、土地や不動産

の売買で大儲けをした業者がたくさんいた。土地や不動産を取得すれば、価格が瞬く間に上がり、その転売で簡単にキャピタルゲイン（売却益）を得ることができたのである。バブル後期には、個人投資家にも不動産投資ブームが起き、転売目的でワンルームマンションなどがさかんに購入された。

しかし、バブル崩壊後、それまで決して下がることはなかった地価が下落し、不動産価格も急落。それにともなって不動産市場も冷え込み、物件が売れなくなった。手痛い損失を被った個人投資家も多かったと言われる。

その後、地価は一部商業地域を除いて下落傾向が続いており、不動産でキャピタルゲインを得る投資は非常に難しくなっている。

しかし、地価が暴落する中でも不動産投資で確実に利益をあげているお金持ちも存在する。『金持ち父さん貧乏父さん』（筑摩書房）の著者ロバート・キヨサキ氏である。キヨサキ氏は、ある雑誌のインタビューに答えて、「市場が下落すればするほど賢い投資ができる」と述べている。

アメリカをサブプライムショックが襲い、全米各地の不動産市場が暴落する中、キヨサキ氏は三五〇戸のアパートを新たに購入したという。このような時期に、なぜ大胆な不動産投資を行うのか。

キヨサキ氏のビジネスモデルは、不動産の転売ではなく賃貸だ。サブプライムローンは、信用力の低い借り手が本来は買うゆとりのない物件を買うことを可能にした。しかし、それは将来的な不動産価格の上昇が前提となっており、不動産価格の上昇が停滞すればすべてが崩れる。実際に不動産価格の上昇がとまると、ローンを支払えなくなる人が急増し、家を銀行に取られるケースが続出した。その結果、キヨサキ氏の物件を借りるしかない人が増え、彼の賃貸ビジネスは大盛況となっていると言う。

キヨサキ氏は、不動産の転売によるキャピタルゲインではなく、家賃収入というインカムゲインを目的として不動産を取得している。この場合、不動産価格が低いほど、初期投資が抑えられ、利益率は高くなる。一般に不動産価格は下落しても、家賃はそれほど落ちないからだ。だから、不動産価格の暴落は、キヨサキ氏にとっては大歓迎なのである。

ロバート・キヨサキ氏ほど大規模ではないが、インカムゲイン目的の不動産投資で大儲けしている日本のお金持ちもいる。Tさんは外資系金融機関に勤める銀行マンで、約一二〇〇万円ほどの収入を得ている。家族は奥さんと娘が一人、貯蓄は三〇〇〇万円ほどあった。Tさんはその貯蓄のうち一〇〇〇万円を頭金として、残りは銀行からローンを組み、約一億円の中古マンションを一棟購入した。

「駅に近いいい物件です。不動産価格がだいぶ下落していますし、前のオーナーが早く現金化したかったようで、かなり有利な条件で購入できました。家賃収入は月約八〇万円。単純計算で九パーセント以上の利回りになります。ローンの返済は月三〇万円。固定資産税を引いても年五〇〇万円ほどの収益をあげることができます。まあ、修繕費などの経費はかかりますが、基本的に放っておいても自動的にこれだけの金額が毎年入ってくるんです。かなり有利な投資だと思いませんか」

そう語るTさんの表情は、完全に勝者のゆとりがうかがえた。

毎年自動的に五〇〇万円もの収益が入ってくる。うらやましい限りだが、お金持ちになるには、こうした仕組みをいかにつくりあげるかにかかっている。

あきらめも肝心!?　勝負を分ける「損切り」の鉄則

多くのお金持ち投資家に、「投資で失敗しないためには何がいちばん重要か」を尋ねてみた。気づいていただきたいのは「投資で失敗しないために」であり、「投資で成功するために」ではないことだ。

なぜ、このような聞き方をしたかというと、投資においてもっとも肝に銘じておかなければならない基本中の基本が知りたかったからだ。「成功するために」と聞くと積極的な意味合いが生じ、「攻めの哲学」が語られるかもしれない。しかし、「失敗しないために」と聞けば、守らなければいけない最低限のルールがあぶり出されるのではないか。そう考えたのである。

その結果、大多数のお金持ち投資家の答えは共通していた。それは、「損切りをきちんとすること」である。「大きな損失を被る最大の原因は、早めに損切りをしないからだ」――そういう声が多かったのである。

損切りとは、損失が発生した場合、ポジションを閉じて取引を終わらせることである。ある銘柄を買っていたら損を承知で売り、売っていたら買い、取引を手じまいする。プロのトレーダーやベテランの個人投資家は、損失を拡大させないために、一定のパーセンテージで損失が発生した場合、自動的に取引を終了する「ストップロス」の手法を用いている。

どれくらいの損失が出たらストップロスするかは、人によって違うようで、買った株価より二パーセント下落したら売るという人もいれば、五パーセント、あるいは一〇パーセントという人もいる。その割合はまちまちだが、いずれも損失は最小限で食いとめようとすることは共通している。

初心者投資家や損ばかりしているヘボ投資家は、この損切りができないとお金持ち投資家たちは指摘する。

「気持ちはわかりますよ。損切りして取引を終わらせたら、損失が確定してしまうわけですからね。損を出す以上にイヤなのが、自分の判断が間違っていたことを認めることです。上がると信じた自分の判断は間違っていない。今日は下がったが、明日にはまた反発するはずだ。そう思いたくなります。でも、経験から言っても、そういうときはズルズルと下がっていくことのほうが多い。そういうことのないように、損切りは冷徹に行うべきなんです」

ある投資家はそう述べる。

たしかに、その通りだろう。すぐに上がるはずだとわずかな望みに賭け、期待通りにならないと、売るタイミングを失ってしまう。大幅に下げてしまうと、ここで取引を終了すると大きな損失を被ることになり、売るに売れなくなる。そうやって売れずに残ってしまう銘柄は「塩漬け」と呼ばれ、再び株価が買値を上回るまで冬眠することになるのだ。

運よく数週間や一、二カ月程度で株価が持ち直せばまだいいが、場合によっては一年、あるいは数年低迷することもありえる。そうなると、その間、その銘柄に投じた投資資金を活用することができなくなる。もし、早めに損切りして最小の損失を受け入れていれば、その資金を新たな投資に回して、損を取り返すこともできたかもしれないのである。

最悪のケースは、買った銘柄を塩漬けにして投資のタネ銭がなくなり、新たな投資で挽回しようと借金して突っ込むことだ。この時点ですでに冷静さを失っており、正常な判断ができなくなってまた負ける可能性が高くなる。そうなると借金が借金を呼び、破滅への道をまっしぐらである。

現在、ネットトレーディングの機能は充実しており、○○円まで下がったら自動的に売り注文を出す「逆指値注文（値段を指定して売り買いの注文を出すこと）」が使える。こうした便利な機能があるのだから、新規に銘柄を買うときは、何パーセント損失が出たら損切りすると決めておき、逆指値注文であらかじめ設定しておくべきだろう。

損を確定させるのは痛い。しかし、そこで塩漬けになり、投資機会を失う、あるいは減ることのほうがもっと痛いはずだ。そうならないためにも、損切りをしっかりと設定して、怪我はかすり傷程度に収めておくのが、賢くお金持ちになるいちばん大切なルールなのである。

PART5

小さな努力で大きなお金につなげる！

お金儲けの達人たちが密かにしていた「勉強法」

活字情報は量で勝負！　乱読のすすめ

お金持ちは勉強熱心だ。彼らは貪欲に学ぶ。学ばなければ、成功することも、お金を稼ぐこともできないとを知っているからだ。

成功した人に、どのように知識を仕入れ、ノウハウを獲得してきたかを聞いてみると、ある共通点が浮かび上がってくる。それは、大量に本を読んでいるということだ。興味深いことに、学歴の高い人のほうが本を読んでいるとは限らない。中学校しか出ていなくても、苦労のすえに成功をつかんだ人は例外なく読書を習慣としていた。それも、趣味というにははるかに度を超えた量の本を読んでいる。

ある経営者は言う。

「私には学がありませんから、少しでも他人に追いつきたくてたくさんの本を読んでいるだけですよ」

――お忙しいのに、よく読書の時間がとれますね。どういう本を読んでいるのですか？

「少しでも空いた時間を見つけて、何でもいいから読めばいいんです」

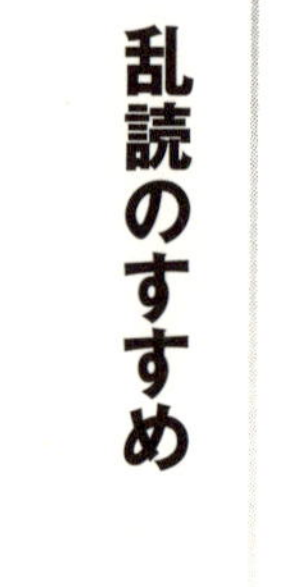

仕事で全国を飛び回る彼は、じっくり本を探す時間もなかなかとれない。そこでとりあえず「これは」と思える本を見つけたら、とにかく目を通すようにするという。

「じっくり読もう、中身を頭に入れようなんて思っていません。とにかく活字を目で追っていく。最初のうちは、読んでもなかなか頭に入ってきませんでしたが、不思議なもので、同じようなジャンルの本だと、さまざまな情報をインプットしていくうちに、ある日突然、わからなかった内容が、すっと頭に入ってくるようになってきたんです。英語の聞き取りがまったくできない人でも、英語のシャワーを浴びているうちに、ある日突然、相手の言っていることが聞き取れるようになることがありますね。これと似ているかもしれません」

空いた時間に、とにかく目を通すだけでいいとなれば、読書に対し身構えがちな人でも、

入りやすいのではないだろうか。ただし読む本は、それなりに"選ぶ"ことも大事だという。

「やはり質のよい情報に触れることも大事ですね。雑誌なら、一般誌よりも専門誌。一般誌は、即時性では新聞に負けますし、中身の深さでは専門誌にかないません。中途半端な内容を読むぐらいなら、少々難しいと思っても専門誌を読んだほうが、質のよい情報に出会えます。

本の場合、書評で探すという手もありますが、これだと書き手との相性や好みの問題もあります。だから私は周囲にいる、その道に詳しい人や読書好きの人に聞くことが多いです。あと、ブログもけっこういい情報源になりますよ。もちろん、くだらない情報も多いですが、すごくセンスのいい情報を提供してくれる人もいる。そんな人を見つけたら、その人の勧める本を読むようにするんです」

質のよい情報をシャワーのように浴びていれば、自然と自分もレベルアップしてくる。すぐには効果が現れないかもしれないが、読書へのとっかかりがつかめない人は、試してみる価値はあるのではないだろうか。

また、成功者たちが好んで読む本のジャンルの一つに、歴史小説がある。彼らは何も熱烈な歴史ファンなわけではない。ではなぜ歴史小説を愛読するのかと言うと、歴史の中には現代に活かせる教訓が含まれていると考えているからだ。

功なり名なりを遂げた偉人たちが、何を考え、どのように行動してきたのか――それを知ることで、自分の人生やビジネスのヒントを探っているのである。

いままで何となく歴史小説を敬遠していた人も、まずは一冊手にとってみてはいかがだろうか。

役に立つ本か見きわめたいときは、ココを要チェック

もう少し、お金持ちの本の読み方を探ってみよう。

成功している人は、とにかく多忙をきわめている。その中で、本を読み、知識を蓄えていくには、それなりの本の選び方、読み方をしているはずだ。

「本はたくさんありますが、役に立たない本を読んでも時間のムダでしかありません。要は、自分に役立ちそうな本をどうやって見分けるかに尽きると思います。役立つとなれば、身を入れて読みますし、頭に入ってくる情報の量も違ってきますしね」

そう述べるのは、若くして株式投資で巨額の資産を築いたデイトレーダーのH君だ。彼は株式投資のいろはから、儲けを出すノウハウをすべて独学で学び、それもそのほとんどを書籍や雑誌を読むことを通じて獲得してきたという。つまり、彼は本を読んで成功した人間なのである。

では、どうやって役に立つ本か、そうでないかを見きわめているのだろう。この点に関して、H君の方法論は明快だ。

「自分にとって役立つ本かどうかを知るには、とりあえず『まえがき』と『あとがき』を読んでみることです。『まえがき』と『あとがき』は、その本のエッセンスが凝縮されていることが多い。著者が何を言おうとしているか、どういう狙いを持っているか、どんなノウハウを持っているかをだいたい推し量ることができるんです。だから、『まえがき』と『あとがき』を読めば、それが自分の必要としている情報かどうかはだいたい見当がつきます」

なるほど、たしかにその通りである。「まえがき」と「あとがき」は、その本の内容をコンパクトに映し出していることが多く、そこを読めばだいたいの内容を把握することができる。「まえがき」と「あとがき」くらいなら、短時間で読むことができるので、本屋さんには迷惑な話だが立ち読みで取捨選択する材料とすることができる。

「それに、本のレベルを知ることもできます。たとえば、僕が株式投資を勉強しはじめたときは、難解な投資理論の本を読んでもまったくわからなかった。そのとき必要なのは初心者向けの簡単な入門書だったんです。

まあ、これは極端な例ですが、『まえがき』や『あとがき』を読んで、自分の求めている情報に近いと感じても、内容が難しくてよく理解できないものは読みません。まだ自分には時期尚早と判断するのです。とにかく仕入れなければならない情報はたくさんありますから、スピードを重視しています。スピードを鈍らせるものは除外しているのです」とH君。

さらにH君は、「まえがき」や「あとがき」を見て購入しても、はじめから終わりまですべて通して読むことはほとんどないという。一冊の本の中には、著者は必要と思って書いていることでも、自分にとっては不要という部分も少なくない。そこで、全部読もうとせずに、興味ある部分、必要な部分に絞って読むようにするのだ。これなら、余計なところは飛ばせるから、読書にかかる時間を大幅に短縮することができる。

「自分が知りたい内容について、いわば『各駅停車』でなく、『急行』や『特急』でたどり着くためです。楽しむための小説ならともかく、仕事のための読書なら、これぐらいしないと生き残れません」

目次をフル活用する、頭のいい人の読書術

言うまでもないことだが、いくら成功者やお金持ちの中に読書家が多いとは言っても、本をたくさん読めば、それだけで成功への道が開けてくるわけではない。読んだ本の数で成功するかどうかが決まるのなら、世の学者先生の大半は大成功を収めていなければならない。成功したり、お金持ちになるためには、本から仕入れた情報を自分の中できちんと消化し、使える知識として体系づけていかなければならない。言ってみれば、情報は自分の血肉となって、はじめて使い物になるのである。

それには、勉強にもそれなりのやり方が必要だ。とくに、かなり高度な専門知識を必要とする情報を頭に入れようとするときは、よく理解できるような工夫が必要である。実際、難関試験突破のための勉強をしている人たちは、独自のノウハウを持っているようである。

現在は、富裕層を中心とした顧客を持ち弁護士として大成功を収めているC氏が、司法試験の勉強中に使っていた方法を教えてくれた。

「いや、とくに難しい方法論ではないんですがね、難しい内容の本を読むときには、あら

かじめ目次をコピーしておくんですよ。司法試験では、さまざまな科目に挑まなければなりませんからね。憲法、民法、刑法をはじめ、膨大な法律に関する知識を要求されます。やみくもに勉強したのでは、とてもすべてを網羅できません。全体像を見ながら、体系立てて学ぶことが大事になります。そこから考えついたのが、目次をコピーして本を読んでいく方法なんです」

――目次をコピーすることにどういう意味があるのですか？

「本を読みながら、自分はいま全体のどこを読んでいるのかを確認する。するといま読んでいる箇所が、全体像の中のどの部分に当たるかがわかり、より理解が深まるんです。コピーをとるのは、いちいち目次に戻って確認するより、効率がいいからです。コピーしたものを本の横に置いておけば、視線を少しずらすだけで、すぐにいま読んでいる箇所を確認できます。コピーをしおり代わりに使えば、いつでも取り出せるし、これから読みはじめる箇所の確認もできます。電車の中で読もうとしたら、コピーはうっかり家に置き忘れたなんてこともありません。いまでも、少し難解な本を読むときは、必ずこの方法を使っています。理解度がまったく違うような気がしますね」

超難関と言われる司法試験に合格した人の勉強法、より深い理解のためにマネしてみてはいかがだろう。

お金持ちはマンガで〝勉強〟している

日本は世界最大のマンガ大国と言われ、中年サラリーマンから小学生までよくマンガを読んでいる。じつは、成功者やお金持ちの中には、マンガ愛好家が少なからず存在すると言ったら驚かれるだろうか。

古い世代の知識人の中には、マンガを文芸とは認めていない人も少なくないが、時の首相もマンガ好きを公言するほど、マンガは幅広い層に受け入れられている。富裕層においても、それは例外ではない。

「ええ、一般書籍も読みますが、マンガもよく読みますよ。マンガを馬鹿にすることはできません。私にとっては一般書籍と同等の情報源ですね」

そう語るのは、すでに五〇歳をいくつか超えた某企業の経営者だ。失礼ながら、その風貌からはとてもマンガを手に取りそうには見えない。そんな人物がマンガを貴重な情報源と言い切るのだから、マンガの力恐るべしである。

なぜ、これほどマンガ支持者が多いのか。その理由の一つは、マンガの多様性にあるよ

うだ。

たとえば、マンガはさまざまな職業を扱っている。サラリーマンにはじまって、医者、公務員、サッカー選手、消防士、寿司職人、将棋指し、テロリストなど多岐にわたる。これほど幅広く職業を扱い、その職業世界の中に主人公を置いているジャンルは、他にないだろう。小説や映画よりも、扱っている世界は広いとも言われている。

マンガ家や担当の編集者が、それぞれの職業をそれなりに取材しているので、それぞれの職業におけるさまざまな情報が詰まっている。絵があるので、イメージもしやすい。活字を読むよりも手軽に多岐にわたる世界の情報を得ることができるマンガが重宝されるのも、たしかに理解できる。

自他ともに認めるマンガフリークである若い投資家は言う。

「たとえば、『ゴルゴ13』は、最後はゴルゴがシュートに成功して終わりだから、ワンパターンという批判があります。けれど、最新の軍事情報やウラの世界の情報をチラリとですが、うまく載せている。現代を知る一つのヒントにはなりますよ。海外情勢については、ある意味、テレビや新聞よりも本質をついているのではないかと思います」

また、マンガはモノを見る目を広げてくれるという説もある。これについては、ある文芸評論家が語っている。

「近年、マンガのストーリーや人間の描き方の進化は、凄まじいものがあります。ある見方をするなら、日本の小説より進んでいると言えるでしょう。すでに、テレビドラマや映画のタネ本になるのは、小説よりもマンガのほうなのです。マンガは現代日本の財産であり、読んで損はありません」

さらに、ウソのような話だが、海外の人間とコミュニケーションを深めるのにマンガはおおいに役立つという。と言うのも、日本のマンガは海外で「クール・ジャパン（かっこいい日本）」の代表であり、かなり読まれている。たとえば、『ドラゴンボール』はハリウッドで実写映画が制作されているし、ヨーロッパでもっとも有名な日本人サッカー選手は『キャプテン翼』だ。このように、いまやマンガは、「ゲイシャ」「フジヤマ」「キョウト」

に並ぶ日本の代名詞となっているのである。

ある貿易商は、こんな経験をしている。

「某国で地元の顔役と会わなくてはならなかったのですが、相手はコワモテ風で、正直、ビビりました。そんな中、その顔役が『おまえ、日本人だろ。日本人なら『ワンピース』くらい読んだことあるだろ。今度、うちの息子に話を聞かせてやってくれ』と言うのです。私も『ワンピース』は読んでいましたから、『わかりました。日本では……』と。そのあたりから、うまく打ち解けることができましたね」

マンガだからと侮っていては、お金持ちにはなれないのだ。

究極の速読術「フォトリーディング」をモノにする！

忙しい合間を縫って、できるだけたくさんの本を読むために、成功者はみな工夫を凝らしている。「速読術」の活用もその一つだ。さるジャーナリストは、著名な取材対象者と会うとき、その人の著書を手に入る限りすべて読んでいくという。これも彼が速読術を身につけているからこそ、可能な取材方法と言えるだろう。

書店には速読術をうたった本がたくさん並んでいるし、速読術を教える通信講座やセミナーも、あちこちで開催されているが、最近、成功者の中で注目を集めているのは、「フォトリーディング」と呼ばれる手法だ。

これはアメリカで開発されたもので、フォトとは「写真」のことを指す。文書を写真のように読み取るのが特徴で、マスターすれば一ページ一秒の速度で読み取っていくことも可能だという。ビジネス本でベストセラーを連発する会計士やコンサルタントが著書で紹介したことから、成功を目指す人々の間で注目が集まり、多くの人が実践するようになった。

フォトリーディングの習得については、専門のセミナーが開催されたり、書籍が出ているのでそれらを参考にしていただきたいが、簡単にそのエッセンスだけ触れておくことにしよう。

フォトリーディングは、五つのステップからなる。まず第一のステップで読書に集中する状態をつくり、第二のステップでざっと目を通して、どんなことが書かれているかチェックする。そして第三のステップで、一ページ一秒のスピードで本をめくっていく。ポイントは一字一字を意味のある言葉として捉えるのでなく、ページ全体を写真のような画像情報として取り込むことだ。フォトリーディングという名称は、ここに由来する。さらに、第四ステップでは、気になったキーワードを書き出す。そうやって、ある程度内容になじみをもたせてから、最後の第五ステップで文章をざっと追い、「ここは読みたい」と思う場所を探して読んでいくのである。

一般に、本の内容を理解するのに必要な情報は、全体の四～一一パーセント程度と言われている。フォトリーディングでは事前準備を行うことによって、その本の核となる部分、自分にとって有益な情報を見きわめ、四～一一パーセント程度を読むことで全体を把握しようというわけだ。

こう書くと、かなりの手間がかかりそうだが、実際には一冊につき三〇～六〇分程度でできるようになるという。ざっと内容を把握したいだけの場合は、第四ステップまでで十分である。

フォトリーディングのメリットは、短時間で本を読むことだけではない。フォトリーディングを実践する、ある経済ジャーナリストは「有益な情報を得るためのアンテナを張ることになるので、簡単に欲しい情報が見つけられるようになる」と述べる。また、別の資産家は、「洞察力や直感力が向上したように感じている」と言っている。

正攻法で本を読むのではなく、こんな裏ワザを使ってみるのも手ではないだろうか。

取ってトクする資格、ムダになる資格の見分け方

「もっと稼げる仕事をしたい」「転職して収入アップを図りたい」というとき、資格の取得を思い浮かべる人も多いだろう。他人との差をアピールするとき、資格の存在はわかりやすい。ただ、ここで注意したいのは、どのような資格を取るかということである。

「お金持ちになりたいなら、取得までに時間がかかるものは避けたほうがいいでしょうね」

そう語るのは、理学博士、ＭＢＡ、行政書士、宅建取引主任者など、いくつも資格を持ち、優良企業を経営するＴ氏である。

「高収入に結びつく資格」というと、医者や弁護士といった難関の資格が思い浮かぶが、たとえば医師の場合、国家試験を受けるまでに大学に六年も通わねばならず、その後、医者になったとしても、独立して開業できるようになるまでは、さらに何年も修業時代を送らねばならない。これから大学を受験する学生ならともかく、すでに社会人として働いている人間が方向転換して医学部を目指すのは、リスクが大きすぎる。病人を救いたいという高い志があるなら別だが、お金を稼ぐという面から考えると得策ではない。

同様に、弁護士も司法試験に合格するまで、何年も受験勉強しなければならないのが一般的だ。何年も苦労した挙げ句、結局「自分には無理」とあきらめることにでもなれば、それまでの数年間はいったい何だったんだということにもなりかねない。

「お金持ちを目指すのであれば、できるだけ短期間で取れる資格を目指したほうがいいと思います。一時期がむしゃらに勉強しなければならないとしても、できれば三カ月、長くても一年程度の勉強で合格が見込める資格を探すことです」（T氏）

また、短期間に所得できる資格の中でも、もっともレベルの高いものを目指したほうがいいという。たとえば簿記なら、二級や三級なら多くの人が持っている。一級まで持ってはじめて、人目を引く資格となる。

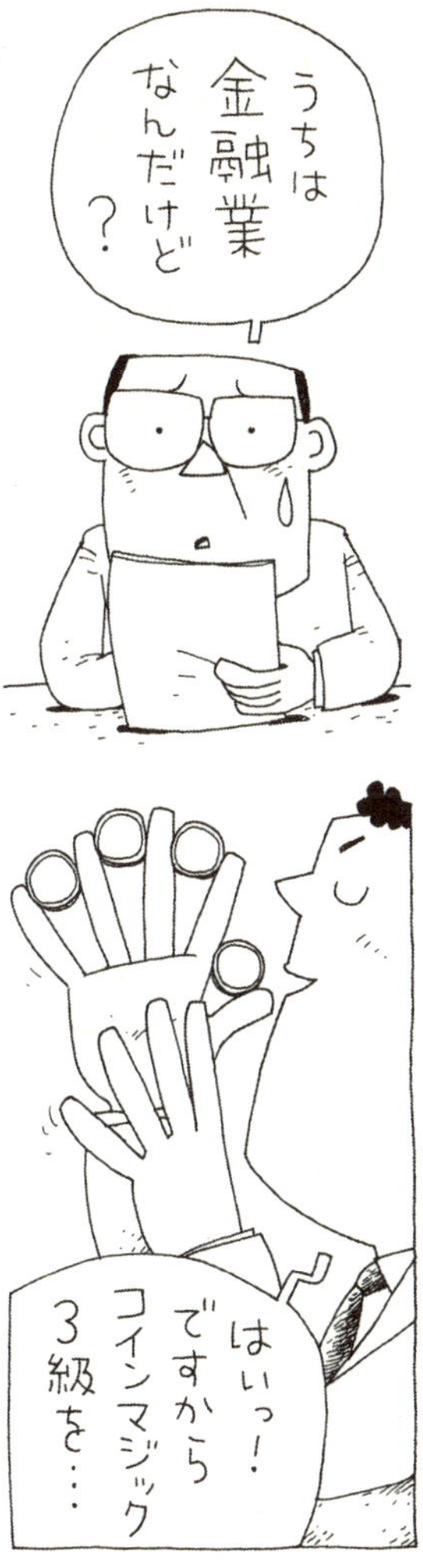

「履歴書を見るときは、やはり人と違う資格を持っている人は目立ちますね。同じ情報技術者でも、いま話題のプログラミング言語を扱えるとか。もちろん英検なら二級や準一級と一級では、こちらの受け取り方もまるで違います。能力もそうですが、『志の高さ』みたいなものを感じるんですよね。もっともそういう人は、その後、会社を辞めて独立することも多いのですが」

こう苦笑しながら語るのは、さる金融機関の人事担当者だ。たんなる「資格を持っている人」ではなく、「このジャンルに秀でた優秀な人」という目で見られてはじめて、「お金になる資格」と言えるのだ。

資格を取得するための勉強は、独学という手もあるが、できれば受験指導してくれる学校に通うことだ。それだけ時間もお金もかかるが、学校のよさは人脈ができる点にある。講師陣はもちろん、一緒に勉強した受験仲間も、いずれ大きな人脈となるケースは少なくない。受験勉強を通じて、苦楽を共にした同士の絆は強い。資格を活かして働くようになってからも、何かと相談ごとを持ちかけやすいし、新たな仕事や人脈を得るきっかけにもなる。

「僕がわざわざアメリカの大学に留学したのは、やはり一流の人脈を築きたいという思いが強かったことがありますね」

とは、さるアメリカのエリート大学でＭＢＡ（経営学修士）を取得し、経営コンサルタント会社を興した若手実業家だ。まだ二〇代の若さで会社を軌道に乗せられたのも、このとき築いた人脈が大きいという。

この発想は、ＭＢＡを取得するときだけに限らないだろう。同じ資格の学校でも、やはり一流どころを選んだほうが、一流の人脈を築きやすいと言える。合格率が高いとか、講師陣がいいと評判のところのほうが、たとえ学費は高くても、その分の見返りを得やすいという考え方が、成功者をつくるのだ。

家計簿・おこづかい帳でマネー感覚を養おう

「仕事で成功するには、財務諸表が読めなければならない」とは、最近よく言われる言葉だ。ベストセラーになった山田真哉氏の『さおだけ屋はなぜ潰れないのか？』（光文社）も、財務諸表をはじめ会計学の大切さを初心者にわかりやすく説いた本である。

財務諸表には、会社に資産がどれぐらいあるか、利益はどれぐらい出しているのか、借金はどれぐらいあるか、その利息の支払いはどれぐらいなのか、毎月の経費はどれぐらいかかっているのか、そんな財務にまつわるあれこれが記されている。これを読み取ることで、「経費は効率的に使われているか」「お金の流れにムダはないか」といった事柄も見えてくる。これは自らビジネスを運営していくうえでも、また株式投資の対象を見るうえでも非常に大事な視点だ。

「財務諸表を読めるようになりたかったら、初心者はまず、家計簿を複式簿記でつけてみるといいですよ」

こう語るのは、『無理なく続けられる年収10倍アップ勉強法』(ディスカヴァー・トゥエンティワン)の著者である経済評論家の勝間和代さんだ。財務諸表を読むのは、そう難しいことではない。簿記の三級程度の知識があれば、それなりに読めるようになるという。それなのに敷居の高さを感じるのは、多くの人にとって簿記が身近ではないからだ。会社なら経理の人間がつくるし、すでにできあがったものを見ても文字と数字の羅列にしか見えない。大事なのは自分でつくってみることで、このとき家計簿は格好の素材だと言うのである。たしかに家計簿なら自分で毎日つけられるし、お金の出入りも少ないから、初心者がつけるにはぴったりだろう。

たとえば一五万円のパソコンをクレジットカードで買った場合だ。一〇万円以上のものは固定資産となるので、貸借対照表の借方が「パソコン　一五万円」になる。またクレジットカードで買っているので、これは買掛金となり、貸方が「買掛金　一五万円」となる。後日、このお金が引き落とされたら、借方が「買掛金　一五万円」、貸方が「現金預金　一五万円」になる。

またパソコンの耐用年数を一〇年と考えれば、年度末にはパソコン代金の一〇分の一の一万五〇〇〇円を減価償却費として落とすことになる。借方が「パソコン減価償却費　一万五〇〇〇円」、貸方が「パソコン減価償却累計額」となり、この一万五〇〇〇円分が損益計算書の費用の項目にいく。こうして貸借対照表と損益計算書の関係も、実感することができる。

最初は面倒で難しい作業に感じられても、慣れてくれば機械的にできるようになる。やがて損益計算書や貸借対照表にもなじみができ、財務状況もわかるようになってくるのだ。これを続けていくと、コスト感覚が身につくようになる

また、すべての会計数値を一時間あたりの単価で考えるクセをつければ、自分が一時間あたりいくら稼いで、いくら使っているかもわかる、と勝間さんは述べている。そこからいまの自分にどれぐらいの価値があるか、さらに稼げる人間になるには、どうすればいいかといったことも考えられるようになってくる。こうしてお金持ちになるための考え方が、自然に身につくようになっていくわけだ。

とりあえず『簿記三級入門』といった本を参考に、日々のお金の出入りをつけてみてはどうだろうか。家計簿でも大変だという人は、おこづかい帳でやってみては？

稼げるお金を左右する、これからの時代の必須スキル

ある成功者に、お金持ちになるために必須の〝ビジネス三種の神器〟があるとしたら何

だろうかと聞いてみたところ、先ほど紹介した「速読術」と「会計学」のほかに、「ＩＴ（情報技術）」という答えが返ってきた。

いまどきパソコンをはじめ、ＩＴ（情報技術）を仕事で使ったことがない人は、まずいないだろう。企画書を書くにせよ、顧客と連絡するにせよ、情報収集するにせよ、ＩＴの存在は欠かせないものになっている。

「高齢者を除けば、パソコンを使えない人はそう多くはないと思います。でも、パソコンを使いこなしている人というと、じつはまだそんなに多くないというのが現状です」

と言うのは、経営コンサルタントとして多数の顧客企業を持つＳ氏。生産性向上のために大規模なＩＴネットワーク構築が企業にとって不可欠であるのと同様、個人にとってもＩＴの使いこなしは仕事の効率化のためにぜひとも必要だと説く。

「ＩＴの知識、スキルを持っているかどうかで、仕事の能率はかなり違ってきますし、極端なことを言えば、稼げるお金も差がついてきます」（Ｓ氏）

では、どの程度ＩＴに習熟すればいいのだろうか？

「ＩＴは日進月歩です。使えるようになればなるほど奥がありますから、ここまでというものはありません。ただしビジネスマンなら必要最低限、インターネットやメールを扱えて、ワード、エクセル、パワーポイントのビジネスソフトは使いこなせるようにしておきたいですね。また、これはいろいろな人が述べていることですが、ビジュアルベーシック(マイクロソフトが開発したプログラム言語。簡単にアプリケーションソフトが開発できるように工夫されている)でプログラムが書けるくらいの技能があれば、市場のニーズは高まります。つまり、稼げるお金が少し違ってくるということです」(S氏)

なるほど。パソコンの基本的な操作やよく使うソフトウェアを使いこなせるのは、もはやできることが当たり前になっているということか。

さらに、S氏はITリテラシーの高い人は、使い方に習熟しているだけではなく、ソフトウェアやハードウェアの評価などの情報にも精通しているという。要するに、「こういうものを使うと便利ですよ」という情報をいち早くキャッチして取り入れているのだ。その一例をS氏にうかがってみた。

「たとえば、メールです。最近、スパムメールが横行していて毎日数百通のスパムが届くという人も少なくありません。ウィンドウズ標準のアウトルックでもスパムをはじくフィルター機能は付いていますが、それでもかなりの数のスパムがすり抜けてやってきます。このスパムの処理に手間取っている人も多いと思いますが、ITリテラシーの高い人たちはグーグルが提供するGメールに注目しています」

検索サイト「グーグル」が提供するメールサービス「Gメール」は、アカウントを登録するとと無料で使えるウェブメール・サービスだ。インターネットに接続できる環境なら、自分のパソコンではなくてもアクセスすることができるので、出先などでメールチェックをしたい人などによく使われている。

しかし、いま注目を集めているのは、スパムメールなどをはじくフィルターの正確性だ。ほぼ、あらゆるスパムをはじいてくれるにもかかわらず、必要なメールをはじくこともないという評判である。もちろん、携帯電話からアクセスすることも可能。

さらに、各メールにラベルを貼り付けて検索する機能があることから、企画書や原稿などの重要なデータを自分宛にGメールに送ってオンラインストレージ代わりに利用している人もいる。

「Gメールに限らず、便利なサービスはたくさんあります。そうしたサービスを探してみて、自分の用途にあったものを利用するようにしていくことでもITリテラシーは向上していくと思いますよ」（S氏）

株式投資にしても、FX取引にしても、個人投資家が利用するのはインターネット取引であることが多い。また、投資に有益な情報を得るという面でも、インターネットの使い方に習熟しておいたほうが有利だ。やはり、これからのお金持ち戦略にITリテラシーは不可欠であるようだ。

海外ビジネス成功者は、こんなことを学んでいた!

三〇代の若さで外資系商社の日本総代表を務めるN氏は、博覧強記で知られる。とくに、歌舞伎、能、狂言といった日本の古典芸能についての造詣が深く、話術の巧みさもあいまって、彼の語りに感心する人は多い。なぜ、それほど古典芸能に詳しいのか、尋ねてみたことがある。すると、彼は笑いながらこう言ったのだ。

「だって、日本人じゃありませんか」

たしかに、日本人である。しかし、日本人の中に歌舞伎や能や狂言に詳しい人がいったいどれほどいるというのか。

「そうなんですよ。それがおかしいんですよ。と言っても、じつは僕も以前はそれほど興味も持っていませんでしたし、詳しくもなかったんです。でも、あることがきっかけで勉強するようになったんですよ」

そのあることとは、大学時代にフランスへ旅行したときのことだ。彼は、「ヴェズレーの教会と丘」として知られるサント・マドレーヌ大聖堂に立ち寄った。そこで、彼は身なりの貧しそうな一人の老人と出会ったのである。

「その老人が話しかけてきたんです。片言のフランス語で応じていると、どうやら彼はこの教会の歴史について語っているようでした。マグダラのマリアの遺物やイングランド王ヘンリー二世を破門したことくらいはどうにか聞き取れました。そのとき、僕は圧倒されたんです」

失礼な言い方だが、その老人は貧しく、あまり学もなさそうだった。しかし、彼が自分の国フランスに、フランスの文化に大きな誇りを抱いていることはよく伝わってきた。老人は、サント・マドレーヌ大聖堂について一通り語ると、今度は彼に尋ねた。「日本の文化はどんなものなのか」と。

「でも、僕はまったく答えることができなかったのです。本当に顔から火が出るほど恥ずかしかった。日本人なのに、日本の文化について何も知らないなんて。それから、僕は日本の文化について、いろいろ学ぶようになったんです。学んでみると、これが面白い。古典芸能についての見方も変わりましたし、いまではすっかり古典ファンです」

日本文化への回帰は、思わぬチャンスをもたらした。日本の商社の海外駐在員として海外で暮らしていたときに、彼は外国人ビジネスマンから一目置かれる存在になったのである。と言うのも、彼以外の日本人は誰一人としてまともに自国の文化について語れる者がいなかったからである。

「どうして自分の国のことを知らないのか。彼らには理解しがたいようでした。でも僕だけ、彼らの興味を満たす話をすることができたのです。そこから、彼らと親しくなっていきました。彼らは知識人ですから、やはり知的な会話を好むんです。文化はまさに知的な話題となりますからね」

その後、彼は外国人ビジネスマンとの交流を通じて、外資系商社にヘッドハンティングされ、日本人ビジネスマンとは比べものにならないほどの年収を得るようになった。そのきっかけとなったのは、自分の国の文化をきちんと学ぼうという、ある意味で当たり前の勉強だったのである。

残念なことに、多くの日本人は自国の伝統文化にあまりに無関心で、歌舞伎上演のもっとも多い東京都に住むエリート・サラリーマンでも、「歌舞伎なんて一回も見たことがない」という人間が大半だ。アメリカをお手本としてきたおかげで、西洋文化に飛びつく代わりに、自国の文化をないがしろにしてきた。

しかし、外国人の中には東洋、とくに日本の文化に関心を持つ人間も多く、またN氏が述べるように未知の異文化の話題は、知的好奇心を満足させるものになりやすい。自国の文化について語れないということは無知無教養と受け取られかねず、したがって信用を得ることも難しい。逆に言えば、自国の文化について語ることができるという当たり前のことができるだけで教養人として認められるのだ。

N氏は言う。

「外国の人と取引をするときに必要なのは、相手の国のことを知るよりも、自分の国について語れることのほうが重要だということがよくわかりました。海外を股に掛けて活躍したいと思っている人は、外国のことを勉強するよりも、もっと日本のことを勉強するべきでしょう」

たしかに、われわれは自分の国のことを知らなさすぎる。学ぶべきは外のことよりも、まず内側のこと、ということであろう。

PART6

意外に質素。だけど、ひと味違う！

セレブたちのオフタイムの過ごし方

見栄だけじゃない!? プライベートジェットを所有するウラ事情

お金持ちの究極の贅沢と言えば、プライベートジェットではないだろうか。映画の宣伝のために来日したハリウッドスターがプライベートジェットから降りてくる映像を観た人もいることだろう。どうもプライベートジェットは、「大金持ちになったら、手に入れたい」と思わせる富裕層の憧れの的のようである。

庶民にとってはまったく縁のないセレブの楽しみだが、いったいプライベートジェットを持つにはどれくらいのお金がかかるのか。

プライベートジェット本体の価格はピンからキリまであるそうだが、タイガー・ウッズやトム・クルーズなどが所有する豪華なものは最低でも一機四〇億～五〇億円は下らないと言われる。さらに改装などすれば、数億円以上の上乗せが……。

それだけではない。使わなくても維持費が年間一億円以上。使うときも、燃料費が一時間あたり五〇万～一〇〇万円、羽田や成田に駐機するにも一時間一〇〇万円ほどの費用がかかるという。まさに、とてつもない金食い虫だが、それでも富豪たちはプライベートジェットを欲しがる。それくらいメリットがあるということか。

富裕層向けのコンシェルジュ・サービスを展開しているH氏は、こう言う。

「まず当たり前の話ですが、定期便の飛行機の時間待ちをする必要がありません。自分の出発の時間に合わせて空港に待たせておけばいいのですから、世界を股に掛けてビジネスを展開している人にとっては非常に大きなメリットがあると言えます。また、搭乗手続きやセキュリティチェックもありません」

それに加えて、少人数による快適なフライト時間を過ごせるということも見逃せない。

しかし、そればかりではないとH氏は言う。

「富裕層にとっては節税効果という意味も大きいんです。プライベートジェットは高額で

すが、ほぼ五年で償却することができます。つまり、課税所得を抑える効果があるわけですね。さらに、今はプライベートジェットの需要が伸びていますから、中古市場でも価格が高騰しています。そのため、五年経って売却しても半額程度で売ることができる。節税効果と合わせれば、購入費用をほぼカバーできるんです。まあ、維持費や燃料費でかなりかかりますから、その分は持ち出しですが、受けられるメリットを考えれば、プライベートジェットを持つという選択は合理的であると言うこともできるのです」

ほほう、そういう特典もあったのか。いずれにしても、お金持ちにしかできないラグジュアリーな楽しみである。

料理上手な人ほど成功する!?

「世界でもっとも稼いだ作曲家は誰だか知っているかい?」

と尋ねてきたのは、不動産で財を成し、現在はベンチャー企業に投資するベンチャーキャピタルを運営するY氏。取材の合間の雑談中の出来事だ。音楽に関する知識など皆無に等

しいので、正直にわからないと答えると、
「正確なことはわからないが、たいてい上位にランクインするのが、イタリアのオペラ作曲家ロッシーニだ。ロッシーニのオペラは、一九世紀前半のヨーロッパを制覇した。ロッシーニは、同時代を生きた先達であるベートーヴェンよりもはるかに人気があり、大金を稼ぎまくったんだ」

とY氏は教えてくれた。さらに、ロッシーニが大の料理好きであったことに話が及ぶ。もともとロッシーニはたいへんな美食家だった。しまいには、コックのつくった料理に飽き足りず、自分で料理をつくるようになった。それは、天才料理人と言われたキャレーム（フランス料理の始祖と言われる）を絶賛させるほどのものだった。「ロッシーニ風」とネーミングされた料理は、今日のフランス料理、イタリア料理にも残っている。

ロッシーニに打ち負かされた格好の大作曲家ベートーヴェンも、料理は好きだった。ただ、彼は大の味音痴で、彼のつくった料理は、誰もが吐き出すほどの代物であったという。それをベートーヴェンは、「うまい、うまい」と食べ続けたのである。

いわばわが道に従い料理をつくり続けたベートーヴェンは、音楽でもわが道を行った。要は、大衆ウケすることを考えられなかったのだ。そのためもあって、生前には大金を手にできなかったものの、死後、その名声はロッシーニをはるかに超えた。ベートーヴェンがあと一世紀生き続けたなら、大金持ちになれたはずだ。

「なぜこんなことを言うかというと、お金持ちは料理好きの人がとても多いんだ。ビジネスは本来とてもクリエイティブなものだとぼくは思っているから、芸術家と同様に料理を好む人が多いのかもしれない」（Y氏）

料理好きのお金持ちは、たしかに多いらしい。ある情報誌が行った調査によると、二〇〇〇万円以上の収入がある男性二〇〇人に聞いたところ、「料理を得意としている」と答えたのはじつに七五パーセント、さらに「料理好きがビジネスの成功に影響している」と答えた人も五〇パーセント近くにのぼったという。

だが、なぜお金持ちは料理好きなのか？　そして料理をすることが成功にどう関係しているのか？

Y氏の見立てはこうだ。料理は、頭のいろいろな部分を使う。構想力、段取り術、素材と素材を組み合わせる発想力――それは成功者の資質と重なる。またいかに安くあげるかというコスト感覚も、優秀な経営者にはなくてはならないものだ。

「それにね」とY氏は言う。「料理をつくるときには、食べさせる相手がいる。料理がうまい人は、必ず相手においしいものを振る舞ってうれしそうな顔を見たいと思っている。だから、心を込めて丁寧に料理をつくるんだ。成功するということも、じつは同じこと。

自分一人がいい目をみようと思ってもうまくいかない。お客さんであったり、あるいは自分にとって大事な人の笑顔が見たいと思う人ほど、努力するし、考える。成功はその結果なんだよ」

じつは、大富豪ほど倹約家なのだ

お金持ちというと、高級車を何台も所有し、銀座や六本木のクラブでためらいなくドンペリを開け、子どもには数十万円の小づかいを与えているようなイメージを持つ人も少なくないのではないだろうか。

「それはマスコミによってつくりあげられた一方的なイメージですよ」と一笑に付すのは、資産家を多く顧客に持つ弁護士のA氏である。

「そりゃあ、派手にお金を使う人もいるでしょう。マスコミはそういう人を取り上げないと絵にならない。だけど、大多数のお金持ちは、一般の人々が考えているよりずっと地味ですよ。だって、浪費していたら財産なんて貯まりませんからね」

もはや伝説と化した感のあるバブルの時代には、ヘリコプターでラーメンを食べに行ったり、誕生パーティに来た人すべてに一〇万円のタクシー代を渡したり、狙った女性に「これでいくらでも買い物をしていいよ」とプラチナカードを渡して口説く人がたくさんいたものだが、それも今は昔。派手な浪費を続けたバブル紳士たちは、バブルの崩壊とともに文字通り泡と消えた。

バブル崩壊の中でも、しっかりと生き延びてきたお金持ちの多くは、派手なバブル紳士とは一線を画してきた堅実な資産家だ。どちらかと言えば、倹約家と言ってもいいだろう。もちろん、高級品も持ってはいるが、それは「これはいい」と価値を認めたものだけ。間違っても、ベンツとフェラーリとポルシェを同時に所有するなどということはしないし、プレゼントにマンション一室なんて馬鹿なマネもしない。

アメリカの政治家で実業家としても有名なベンジャミン・フランクリンは、こう言っている。

「ささいな出費を警戒せよ。小さな穴が大きな船を沈めるだろうから」

要するに、浪費を戒め、倹約することを説いているのである。浪費をはじめると、キリがなくなる。最初は一〇〇円の浪費くらいはいいかと許していた人が、いつの間にか一〇〇〇円の浪費、一万円の浪費をしている。それが極端になると、バブル紳士のようになってしまうのである。

本当のお金持ちが倹約するのは、浪費の恐ろしさを知っているからだ。浪費が習慣化すると身の破滅につながることを感じているのだ。だから、ムダなことにお金を使うことをひどく嫌う。

さて、あなたは「金は天下の回りものだ」などと言って、お金を使っていないだろうか。冷静に考えれば、これは浪費するときの自己弁護にすぎない。

そもそも、これはロシアの小説家ツルゲーネフが述べた言葉からとられている。だが、ツルゲーネフが続けて何と言っているかはわりに知られていない。

「いつもこちらをよけているのが、気に食わない」

金は天下の回りものだ
だがいつもこちらを
よけているのが気に食わない

イワン・ツルゲーネフ
1818-1883

船が沈むぞー

つまり、金は天下の回りものであっても、自分のところに来るものではないと言っているのだ。お金持ちはその現実をよく知っている。だから、ムダな出費を抑えるのだ。

お金持ちならではのワインの愉しみ方

このところ、高級ワインの値段が高騰している。これまでワインとあまり縁のなかったロシアや中国のお金持ちが、ワインを買い漁りはじめたからだと言われる。

日本では一般の人もワインを好んで飲むようになったが、お金持ちの中にもワイン好きは多い。それも、一般の人ならおそらく一生飲めないであろう高級ワインもよく飲んでいる。一瓶三〇〇〇円以上するワインを買うのにもかなり逡巡《しゅんじゅん》する身としてはうらやましい限りだが、高級ワインと廉価ワインはそれほど違うものなのか？

ある事情通は、高級ワインと廉価ワインの実情について、こう語っている。

「一本一〇〇〇円台の廉価ワインと、一本三万円もする高級ワインには、値段ほどの差はありませんよ。チリの安物ワインをブラインドで飲んで、『オッ、ボルドーの××か』な

んて言う人もいますからね。××は、ボルドーの高級ワインの一つで、一本一万円はする代物です。ボルドーには、数十万円もする超高級ワインもありますが、これとて値段と合わない。私もはじめて飲んだとき、『えっ、この程度』と思ったものです。値段が一〇倍になったからといって、味も一〇倍よくなるわけじゃないんです。せいぜい二倍、下手したら、安物ワイン以下の高級ワインだってありますから」

こんな話を聞くと、高級ワインを飲んでいるお金持ちはたんに見栄を張っているだけのようにも感じるが、あながちそういうわけでもないという人もいる。ソムリエの資格も持つワインショップ経営者のKさんは、次のように言う。

「高級ワインでしか味わえない深み、品格、たたずまいというものがあるんですよ。それも、一〇年、二〇年を超えた熟成によってはじめて生まれてくる深遠さです。熟成二〇年を超えた高級ワインの中には、芸術の域に達したものもあります。廉価ワインに、残念ながらそれを望むのは無理でしょうね。廉価ワインは、誰もが楽しめる工業製品に近いところがあります。高級ワインとなると、手間暇をかけた農産物が芸術品に昇華したようなもの。一本の高級ワインの熟成を二〇年、三〇年待てるか、そこがお金持ちの余裕でしょう。まだ瓶詰めしてから三、四年しか経っていない高級ワインをすぐに飲んでしまうお金持ちは、その意味でワインのことをよくわかっていない」

ワインは味や風味だけで飲むものではなく、その文化を味わうものだと言うのは、四〇代にしてすでにリタイヤし、悠々自適の生活を送る資産家のO氏である。彼に言わせれば、高級ワインの背景には、文化が感じられるという。その文化を感じ取り、舌と頭で楽しむのが高級ワインであり、心おきなくその特権を行使できるのがお金持ちだということらしい。

「ワインは、風土の産物なんです。たとえば、フランスの名産地ブルゴーニュ。高級赤ワインの場合、すべてピノノワールという一つのブドウ品種だけでつくるのですが、畑が一キロ離れただけで味わい、香りが微妙に異なってくる。道一本隔てた畑同士でも、味わいが違ってくる。それが、値段にも反映されます。それに、造り手の腕が加わってきます。月並みと言われる畑からでも、凄腕の造り手は、味わい深いワインをつくります。もちろん、一流の畑からは、凄絶、孤高とも言えるワインが生み出されます。ナマクラな造り手は、逆に一流の畑からも安物ワイン以下のワインしかつくれない。凄腕の造り手のワインを飲むと、その造り手と語り合っているような錯覚さえ覚えます。これに、ヴィンテージの楽しみがあります。その年の日照や雨、風などで、その年のワインの出来が左右されます。高級ワインを飲むということは、その風土とともにその年の気候、さらには造り手の哲学までを味わうということでもあるのです」

お金持ちになると、ワインの奥底にあるこうしたものが見えてくるのだろう。もちろん、優良ヴィンテージで、造り手もいいのにスカだったということもあるに違いない。そんな苦い思いも受け入れられるのは、お金と心に余裕がある人でなければ無理だろう。

「たとえば、ボルドーの幻のワインと言われるペトリュスを飲んで、『これは、失敗した年かな』と言えるのが、お金持ちなんですよ。私は、とてもその境地まで達していませんが」（O氏）

なるほど、そこまでしてワインを味わわなくてはいけないのですか。「うわぁ面倒くせえ、それなら焼酎の水割りでいいや」なんて言っていないで、一度清水の舞台から飛び降りるつもりで一本数万円のワインを味わってみては？　お金持ちになるには、お金持ちの文化を知っておくことも大切ですよ。

「病気になる前」に、こんなにお金をかけているなんて！

健康に気を使っているお金持ちは多い。一般の人以上に気を使っているようだ。なぜなら、重い病気にかかって治療に専念するのは時間のムダだし、健康でなければポジティブな思考ができないと考えているからだ。

そんなお金持ちの健康に対する高い意識に向けたサービスもはじまっている。たとえば、予防医療サービスが人気だ。ある関係者はこう話す。

「お金持ちは、会員制健康クラブのようなものが好きですね。まあ、サロンのようなものです。お金持ちほど、病院の辛気臭さが嫌いなんですよ。それに、病院なら待たなければならないが、会員制健康クラブならそれもない。たいてい年会費が三〇万~五〇万円くらい、入会費用が六〇〇万円なんていう高級なものもあります。ただし、そこで病気を治してもらうわけではなく、人間ドックが最大の売りです。高級な個室が用意され、ドック入り前夜には、一流の料理人によるフレンチを食べられるといったサービスもあるようです」

「ドックが売りというのは、なぜ」と尋ねると、こんな答えが返ってきた。

「お金持ちは、やはり不安なんですよ。自分が倒れたときに、会社がどうなるかと思うと、病気にもなれない。そこでドックくらいには入っておこうというわけです。病気が見つかれば、それなりに治療もできますし」

一方、すでに病気になってしまったお金持ち向けサービスも整いつつある。それが、メディカル・ツーリズムだ。

日本の医療水準は高いとはいえ、世界の最高レベルにあるとは言いがたい。海外には、日本で受けたくても受けることができない手術もある。また、臓器移植には、日本では制限も多い。そこで、お金持ちは海外で治療や手術を受けようと考えはじめた。それを支援するのが、メディカル・ツーリズムだ。

メディカル・ツーリズムによって、病気を抱えたお金持ちはアメリカやオーストラリア、中国などに渡る。渡航先の病院で治療を受け、実際に病気が治ったというお金持ちの話は、インターネットなどでよく紹介されている。最近では、富裕層の枠を超えて、一般の人もメディカル・ツーリズムを利用するようになってきたようである。

また、日本でも最近はアンチエイジングという言葉が定着してきた。それとともに、アンチエイジング用のメディカル・ツーリズムもはじまっている。関係者によると、「これは、スイスやアメリカですね。とくにスイスは、アンチエイジング大国で、世界中からお金持ちがやって来ています。ただでさえスイスの物価は高いのですが、さすがお金持ち、金には糸目をつけないようです」

とのこと。

このように富裕者向け医療サービスははじまっているが、命も病気も〝自分の資産次第〟ということになるのだろうか？

「余生は海外で」の国別ご予算を試算してみると……

お金持ちと言えば、高級住宅地に豪邸を持っているというイメージだが、そこを終《つい》の棲家としないお金持ちも少なくないようだ。と言うのも、リタイアしたら海外移住を考えているお金持ちが案外多いのだ。実際、すでに多くのお金持ちが国外で余生を過ごしている。人気の海外移住先は、ハワイ、カナダ、ニュージーランド、オーストラリアなどだ。いずれも自然に恵まれ、過ごしやすい土地柄である。そうしたお金持ちの海外移住を世話するための専門会社も生まれている。

お金持ちが海外に移住したがる理由は、さまざまだ。富裕層向けのサービスを展開するある旅行代理店の幹部は、日本の都会に飽きてしまった人が多いと見ている。

「東京はお金を稼ぐにはいい場所かもしれませんが、一生住むところではないと考えているお金持ちには何人か会ったことがあります。東京は、緑も少ないし、街自体がゴチャゴチャしている。僕のような一般人からすれば、その混沌がいいのですが、お金持ちはもっとのんびりと余生を送りたいと思っているようですね。京都も移住の選択肢に入っているようです。あの街には独特の古い文化がありますし、静謐《せいひつ》さもありますからね。けれども、京都は外から来た者に冷たいという噂もあります。その点、海外ならウェルカム状態と聞きます」

別の意見もある。あるお金持ちは、むしろもっとゴージャスな都会で暮らしたいと述べている。

「お金持ちは、なんだかんだと言いながら、お金持ちの集まる世界が好きなんですよ。お金持ちが集まる世界には、お金持ちの欲しいもの、サービスも集まってきます。だから、お金持ちの集まる世界は、お金持ちにとって快適なのです。その典型が、ニューヨークでしょう。日本人にとって、東京を上回るお金持ちの都市と言えば、ニューヨークのようですね。余生を過ごす以前に、ニューヨークにセカンドハウスを持ちたがるお金持ちがいます。

そして究極が、地中海に臨むモナコでしょう。モナコで住民権を得ようと思ったら、資産一〇〇億円が必要と言います。それでも、世界中からモナコに移住したがるお金持ちがいます。モナコには、世界的なイベントもあれば、美食レストランもありますし、カジノもあります。ゴージャスな夜会もあります。お金持ちというのは、意外にのぞき見趣味的なところがあり、モナコにやって来る世界的セレブを見るのも好きなのです。

これからは、中東のドバイに移住しようというお金持ちも出てくるかもしれません。ドバイは、オイルマネーによって、いま世界一成長し、お金が集まっている街と言ってもいいくらいですから」

ちなみに、海外移住にはビザを取得しなければならない。その値段も、けっこうなものだ。先ほどのモナコのケースは極端だが、カナダの場合、およそ四二〇〇万円を五年間、無利息でカナダ政府に預託しなければならない。ニュージーランドなら、およそ一億四六〇〇万円を政府に運用委託する。この時点で、一般人は対象から洩れてしまうのが現状だろう。

富裕層ほど、株や不動産ではなくコレに投資していた！

日本人は子どもの教育に熱心とされるが、日本のお金持ちは一般の日本人よりさらに教育熱心だ。彼らは、子どもの教育にかけるお金を惜しまない。それも、都会のお金持ちほどその傾向が強い。

ある進学塾の経営者は、お金持ちの教育事情について語る。

「田舎の場合、お金持ちでも、子どもの中学校、高校進学に選択の余地がありません。たいていは、その土地一の公立進学校に進学させますから、お金はかかりません。反対に、都会の場合は選択肢が多くあります。そのため都会の公立の学校のレベルには問題があると考え、多くのお金持ちは子どもを私立に行かせようとしています。ベストは幼稚園からでしょうが、遅くとも中学校からです。そのために、子どもを塾へ通わせねばならず、子どもの教育費は最低でも年二〇〇万円といったところでしょうか。住宅ローンを抱えたサラリーマンにはちょっと苦しいお金かもしれませんが、都会のお金持ちにとっては、それくらい安いものでしょう」

お金持ちの中には、従来型の学校に子どもを行かせたくないという親もいる。彼らは、アメリカンスクールやフレンチスクールに子どもを通わせる。これまた、ハンパではない教育費がかかるが、お金持ちはこれをいとわない。

彼らが、子どもの教育にお金をかける理由はいろいろあるようだが、興味深いのは、若い世代のお金持ちと古い世代のお金持ちでは、考え方に大きな違いがあることだ。古い世代のお金持ちは、財産を遺すことが子どもへの最大のプレゼントだと考える傾向が強いが、若い世代のお金持ちは教育が最大のプレゼントだと考えているのである。

と言うのも、若いお金持ちは親から継承した財産ではなく、自ら起業して創業者利益を得たり、投資に成功して資産を形成した、いわば一代で財産を築き上げた人が多い。そういうお金持ちは、自分の子どもにもお金を稼ぐ能力や資産を増やすノウハウを持ってもらいたいと考えている。そのためには自分でものを考え、判断する力が不可欠であり、高い教育を受けさせることが望ましいと思っているのだ。

子どもを有名大学の中高一貫校に進学させているお金持ちは、次のように言う。

「子どもの頃から、人脈をつくっておくといいと思ってね。育ちと頭の両方いい子らと一緒に遊び、切磋琢磨すれば、一生の人脈になる。商売の基本は、深みのある人脈でしょう」

あるいは、子どもを都内屈指の私立進学校に進学させている親は、

「たしかに東京大学卒業で出世した人は減っているが、それでも学歴は重要だ。最後には、学歴がモノを言う。だって、それだけ勉強し、頭を鍛えたということでしょ。知識を詰め込むことも大事なら、自分より頭のいいヤツがたくさんいることを知り、謙虚になることも大事なんだ」

と語る。

子どもをアメリカンスクールに入れている親の場合、危機感さえ感じているようだ。

「いまの日本の教育では、自由奔放・個性重視で育ったうちの子はついていけないし、ス

ポイルされる。それに国際人の感覚を早く身につけさせたくて」

また、子どもを自由な雰囲気の中高一貫校に入れているお金持ちはこうも言う。

「オレたちは、偏差値絶対の中、詰め込み教育を受けてきた。その結果、いい大学を出て、いい会社に入るというルートが王道になった。オレの同期にはそんなヤツばかりだったが、彼らは果して幸福になったたか。なるほど年収二〇〇〇万円近く稼いでいるが、残業もあれば、上司にへつらって、ヘトヘトじゃないか。彼らのグチは聞きたくもない。子どもには、別の幸福になる生き方を見つけてほしくてね。自由な学校へ行けば、そのヒントくらい得られるんじゃないかと思ったんだ。オレ自身は、中堅大学の出だけど、だからこそ、頭を使って、別のお金持ちになるルートを工夫したんだよ。こっちのほうが、最終的には楽し

そうな気がしないか」

お金持ちの親は、子どもにお金を投資することで、子どもなりに何かをつかんでほしいと思っているようだ。

一見しただけではわかりづらい、いまどきのセレブ

ひと昔前までは、お金持ちと貧乏人は、服装を見ればひと目でわかったものだ。だが、いまはそうも言えなくなっている。現代のお金持ちは、意外にもフツーの人たちと似たような格好をしているのだ。とくにニューリッチと呼ばれる、若い世代のお金持ちにその傾向が強い。

たとえば、ホリエモンを思い出していただきたい。彼のファッションというと、すぐに黒いTシャツが思い浮かぶ。高級ブランドのかなり値のはったTシャツであるという話だが、見ている人にはあまりよくわからない。それでも、投資家向けのあらたまった会見の場でも黒Tシャツを着ていたところを見ると、それが彼のポリシーであったことがうかが

える。既存のお金持ちのような着飾り方は彼の性に合わなかったということだろう。

また、『週刊ＳＰＡ！』で投資生活を連載する三村クンもそうだ。三村クンは、学生時代にネットのデイトレーディングで三億円を稼ぎだしたことで有名になったお金持ちだ。いまなおその資産を増やしているが、これまた一般の人たちと同じ格好だ。

高級ホテルや高級旅館でも、Ｔシャツにジーンズというラフないでたちの人を見かけることが多くなった。服装は渋谷や新宿にいる若者と変わらないが、高級そうな腕時計をしていたり、高価なブランドのスーツケースを持っているので、やはりお金持ちなのだろう。

最近のお金持ちは、昔からあるお金持ちと比べて、自分を飾ることには熱心ではないのだ。ある旅行業関係者は言う。

「これまでのお金持ちは、ひけらかし型が多いように思います。高級邸宅に住み、高級ブランドで身をかため、高級店でばかり食事をする。海外旅行するにも、超一流のホテルに宿泊、その町一番のレストランで食事、あとは『ブランド店に連れて行け』となります。そこで、たくさんのお土産を買う。その値段がまたハンパではないのですが、ある意味、わかりやすい人たちでした。

一方、新しいタイプのお金持ちも、お金を使うときはよく使います。それは、ひけらかしというより、自分の嗜好《しこう》を満足させたくてのことです。金に糸目をつけずに、ミラノやボローニャのオペラ座のもっともいい席を手配してくれないかといったお金持ちもいますが、彼らは食事やホテルにはそれほどこだわらない。食べて、寝れればいいや、といった感じです。下手したら、ブランド店詣《もう》でもしない。

あるいは、同じ高級リゾート地に行くにも、彼らは日本人のあまり行かないところを好みます。また、有名な旅館やラグジュアリー・ホテルに宿泊するにしても、『人工調味料を使っているのではないか』『オレンジジュースが、フレッシュではない、濃縮果汁還元だった』などと手厳しいことを言います。要は、格好や見てくれよりも、中身がちゃんとしていないと、彼らはイヤなのです」

ある若手実業家も、こんなことを言っている。

「いまの若いヤツにとって、お金持ちっぽく見えることは、ある意味ダサいんですよ。シャネルだのヴィトンだの言うのは、小娘か年寄りだと思っています。少なくとも、僕はファッションにお金を使う意義を見いだせない。ノーブランドでもいいじゃないですか。ファッションに手間をかけるヒマがあったら、趣味のスポーツカー漁りをやっていますね」

その意味では、いまどきのお金持ちは、昔のお金持ち以上に特定の分野には目利きであるとも言えそうだ。

ズバリ、「日本のお金持ち」は世界ランクでどれくらい？

新興の若いお金持ちを「ニュー・リッチ」と称するなど、日本でもお金持ちの存在が注目されつつあるが、日本のお金持ちは、世界に比べるとまだまだスケールが小さい。日本は世界で第二位のＧＤＰを誇る国であるが、お金持ちのスケールとなると、世界第二位には遠く及ばないだろう。世界には、日本のお金持ちを圧倒するくらいの大富豪がいるのだ。

アメリカの経済雑誌『フォーブス』の「世界の億万長者」によると、二〇〇七年の世界一のお金持ちはマイクロソフトのビル・ゲイツだ。その資産は、五六〇億ドル。続くのは、「投資の神様」と言われるウォーレン・バフェットで、その資産は、五二〇億ドル、『フォーブス』誌の常連だ。三位は中南米一の富豪と言われるメキシコの実業家カルロス・スリム(四九〇億ドル)。

では、日本のお金持ちはどうかと言うと、一二九位にようやくソフトバンクの孫正義氏が登場。その資産は五八億ドルだから、ビル・ゲイツらと比べ「〇」が一つ少ない。

ちなみに二〇〇八年には、一三年連続で世界一だったマイクロソフトのビル・ゲイツは三位に後退、一位はウォーレン・バフェット、二位はカルロス・スリムだった。

たしかに、一九八〇年代には、日本の西武鉄道グループのトップだった堤義明氏が『フォーブス』から世界一のお金持ちに指名された時代もあった。その堤義明氏も没落、いまの日本にはスケールの大きなお金持ちはいない。

ただ、二〇〇七年の『フォーブス』の長者番付に九人の日本人が登場したように、日本にはそこそこのお金持ちがいる。さらに彼らに及ばないものの、日本にはもっとたくさんの「まずまずの小金持ち」がいるのだ。お金持ち、いや小金持ちの層の厚さでは、日本は捨てたものではない。

世界にスケールの大きなお金持ちが存在しているのは、富の一極集中が起きているからだ。日本は、世界の中ではめずらしく富の一極集中の起こりにくい国なのである。

二〇〇六年のアメリカ経済を調べると、ＦＲＢサーベイの報告によれば、上位二〇パーセントの所得層に、全金融資産のおよそ七割が集中している。二〇〇四年の日本はどうか。総務省の家計調査によると、上位二〇パーセントの所得層が持っている金融資産は、全体の三一パーセントに過ぎないのだ。日本は無茶苦茶なお金持ちが生まれない代わりに、そこそこのお金持ちにはなりやすい国になっている。

その点を、あるエコノミストはこう指摘している。

「日本に、ビル・ゲイツやバフェットのようなお金持ちは、そうそう現れませんよ。まず社会の仕組みが違う。日本はアメリカほどには、先行者利益を保証はしません。アメリカ

はゴールド・ラッシュ以来、先に奪った者勝ちの伝統がありますが、日本にはありません。また、日本人には根深い嫉妬の体質があります。そのため、日本社会には、戦国時代以来なのか、いつからなのか、下克上の構造があります。だから、大きくなりすぎた者は嫉妬によって失墜します。田中角栄しかり、堤義明しかり、ホリエモンしかり。

イヤな社会かもしれませんが、それは活力の源にもなっています。日本では常に下から金持ちが成り上がり、上にいた殿様が引きずり下ろされる。富は永遠ではない。たしかに日本でも家によって蓄えの差は大きいものになっていますが、これから引きずり下ろされる名家だってあるでしょう。まだまだ成り上がれる余地は、たくさん残っているのです」

また、あるお金持ちが言う。

「世界には大金持ちがいますが、問題はお金を持って、何がしたいかなのです。したいことができるのなら、その人はもうお金持ちでしょう。お金はある一定のレベルを超えたなら、それ以上あっても仕方ないような気がします。資産五億円の私なぞ、世界レベルでは小金持ちにも入れてもらえないでしょうが、十分満足しています」

私なんぞは、資産五〇〇〇万円でいいから欲しい、ですって？　その気持ち、よくわかります。

誰もが憧れる「ハッピー・リタイアメント」の理想と現実

お金持ちになりたい若者の中には、四〇歳くらいまで一生懸命働いて資産を築き、その後は、ハッピー・リタイアメントするという夢を描いている者も少なくない。早めに引退して、残りの長い人生を、好き勝手に遊んで過ごしたいというのだ。

これは、もともとアメリカの若者がよく見ていた夢でもある。若いうちはあくせく働き、一財産築いたらリタイアして優雅に暮らす。それが、アメリカン・ドリームの王道だった。

ただし、現実には四〇代でのハッピー・リタイアメントはそう簡単ではない。アメリカにあっても、そう簡単に一財産は築けない。アメリカの事情通は、こう語る。

「アメリカの投資銀行では、ナンバースリー格のバイスプレジデントで年収五〇万ドルといったところです。日本円にして、五〇〇〇万～六〇〇〇万円といったところでしょうか。ほとんどお金を使う機会がないくらい忙しいから、貯金はできます。一〇年勤めるなら、四億円くらいの資産が貯まっているかもしれません。

けれども、バイスプレジデントに簡単にはなれない多くは、その下のアソシエイトどまり。それでも年収二〇万ドル、日本円で二〇〇〇万円ちょっとありますから、悪くはないでしょう。けれど、その仕事は人格を破壊するほど過酷と言います。二〇年続ければ、二億〜三億円くらいはできるでしょうが、そこまで心身が維持できるかといったところでしょう。もっとも、それ以前に、いまは投資銀行が実質、破綻寸前ですが……」

ウォール街に身を置かなくても、ITビジネスなどで一発当て、早々とリタイアする者もいないわけではないが、それはほんのわずかの例外だ。自由と成功の国アメリカでさえ、そうそう簡単には四〇代からのハッピー・リタイアメントとはならないのである。

日本の状況は、アメリカより厳しい。まず、四〇代までに、後の人生を遊んで暮らせるほどの財産を築ける者がそうはいない。たとえ、リタイアできるくらい稼いだとしても、歳とともに考え方が変わってくることもある。

橘木俊詔・森剛志両氏らによる「高額納税者調査」では、「高額所得者の長期休暇の活動」という質問がある。これによると、答えの第一位がなんと「仕事」となっているのだ。

たしかに年齢別に見てみると、三九歳以下、四〇代、五〇代では、「海外旅行」が一位となっている。けれども、六〇代以上では、「仕事」が一位なのだ。五〇代以下にあっても、「仕事」を選択するお金持ちがかなりの割合を占めている。せっかくの長期休暇なのに、年齢層の高い日本のお金持ちは仕事に費やしているのだ。つまり、苦労して資産を築いてきたお金持ちは自分の仕事を天職と思い、仕事をしていること自体がもっとも楽しいと考えている人が少なくないということだ。

もちろん、若いお金持ちほど、アメリカ式の早めのハッピー・リタイアメントに憧れる傾向はあるようだ。今後、もっと多くなっていくという見方もあるが、彼らが次第に歳をとると、どうなるだろうか。やはり、古い世代のお金持ちのように、仕事が趣味となり、一生仕事と添い遂げようとするのだろうか。あるいは、四〇代とは言わないものの、早めのリタイアで、ゴージャスな余生を楽しむのだろうか。

本当の意味で、日本のお金持ちの哲学が形成されるのは、これからなのだろう。

◇参考文献

『金持ち父さん貧乏父さん』ロバート・キヨサキ（筑摩書房）／『ユダヤ人大富豪の教え』本田健（大和書房）／『人を動かす』デール・カーネギー（創元社文庫）／『思考は現実化する』ナポレオン・ヒル（騎虎書房）／『夢をかなえるゾウ』水野敬也（飛鳥新社）／『非常識な成功法則』神田昌典（フォレスト出版）／『無理なく続けられる年収10倍アップ勉強法』勝間和代（ディスカヴァー・トゥエンティワン）／『お金は銀行に預けるな』勝間和代（光文社新書）／『千円札は拾うな』安田佳生（サンマーク出版）／『一冊の手帳で夢は必ずかなう』熊谷正寿（かんき出版）／『きみはなぜ働くか。』渡邉美樹（日本経済新聞出版社）／『1日1分言葉の魔術　成功する人のルール』新井イッセー（青春出版社）／『勝つ人の考え方　負ける人の考え方』林野宏（かんき出版）／『レバレッジ・リーディング』本田直之（東洋経済新報社）／『人生を豊かにするお金のルール』内藤忍（アスペクト）／『ビリオネアに学ぶ億万の法則』サクセス・マガジン原著（イーハトーヴフロンティア）／『3年で富裕層になる！』臼井宥文（KKベストセラーズ）／『ニュー・リッチの世界』臼井宥文（光文社）／『賢者の選択』BS朝日・矢動丸プロジェクト編（日経ビジネス人文庫）／『斎藤一人の絶対成功する千回の法則』講談社編（講談社）／『19人のプロが明かす「仕事」論』トップイレブン編（三笠書房）／『仕事の達人、27人の「手のうち」！手帳フル活用術』中島孝志（三笠書房）／『仕事で結果を出す！　年収のアップ！　メモ・ノート

２００％活用術』中島孝志（三笠書房）／『最強の投資家バフェット』牧野洋（日経ビジネス人文庫）／『人生「大逆転」の成功法則』名倉康裕（成美文庫）／『金運を味方にする43の方法』中谷彰宏（三笠書房）／『成功本50冊「勝ち抜け」案内』水野俊哉（光文社）／『ダマされたくない人の資産運用術』上地明徳（青春出版社）／『自分らしくお金持ちになるための70の習慣』ブライアン・トレーシー（ダイヤモンド社）／『カモにならない投資術』榊原節子（太陽企画出版）／『金持ち賢者の習慣術』小泉十三（河出書房新社）／『お金持ちになる男なれない男の習慣』臼井由妃（学研）／『夢をかなえる勉強法』伊藤真（サンマーク出版）／『なぜ、この人たちは金持ちになったのか』トマス・J・スタンリー（日本経済新聞社）／『ミリオネーゼの手帳術』佐々木かをり（ディスカヴァー・トゥエンティワン）／『お金を稼ぐ！　勉強法』藤井孝一（三笠書房）／『お金をふやす本当の常識』山崎元（日経ビジネス人文庫）／『週刊東洋経済』（東洋経済新報社）／『ＴＨＥ21』（ＰＨＰ研究所）／『ＢＩＧｔｏｍｏｒｒｏｗ　Ｍｏｎｅｙ』（青春出版社）

カバーイラスト◇SMO
本文イラスト◇ポンチ絵太郎
◇いしかわけん
DTP◇センターメディア

編者紹介

㊙情報取材班
人の知らないおいしい情報を日夜追い求める、好奇心いっぱいのジャーナリスト集団。あらゆる業界に通じた幅広い人脈と、キレ味鋭い取材力で、世のウラ側に隠された事実を引き出すことを得意としている。
本書では、彼らがこれまでの取材を通してつかんだ、大富豪・成功者たちの「秘密の習慣」を大公開！　読むだけでたちまち「お金持ち」体質に変わるヒントが満載の一冊。

取材班《しゅざいはん》がこっそりつかんだ！
「お金持《かねも》ち」100人《にん》の秘密《ひみつ》の習慣《しゅうかん》

2008年12月10日　第1刷
2009年4月25日　第4刷

編　　者　㊙情報取材班《まるひじょうほうしゅざいはん》

発 行 者　小 澤 源 太 郎

責任編集　株式会社プライム涌光
電話　編集部　03(3203)2850

発 行 所　株式会社青春出版社
東京都新宿区若松町12番1号 〒162-0056
振替番号　00190-7-98602
電話　営業部　03(3207)1916

印刷・中央精版印刷　製本・大口製本

万一、落丁、乱丁がありました節は、お取りかえします。

ISBN978-4-413-00987-4 C0034